Dans les yeux de

VAIMALAMA

'O VAI

Pour plus d'information :

#lisez ! engagé
www.lisez.com

Imprimé sur du papier issu de forêts gérées durablement.

ISBN : 978-2-412-10062-2

Code éditeur : S10062/01

Dépôt légal : mai 2025 – No de lot : 01.

Imprimé en France par Pollina en Mars 2025

Directrice éditoriale : Marie-Anne Jost-Kotik

Responsable éditoriale : Cyrielle Londero-Gobry

Correctrice : Judith Vernant et La Machine à mots

Création de couverture et de mise en pages intérieure :
Lisa Magano-Benziane et Nikyta Madeira

Adaptation de mise en pages intérieure : Capucine Deslouis

Illustrations : Shutterstock et Hinatea Colombani

Éditions First, un département d'Édi8

92, avenue de France

75013 Paris - France

Tél. : 01 44 16 09 00

E-mail : firstinfo@efirst.com

Site Internet : www.lisez.com

Dans les yeux de

VAIMALAMA

'O VAI

Découvrir Tahiti,
c'est comprendre son âme.
Laissez-moi vous guider.

FIRST
ÉDITIONS

SOMMAIRE

NOTRE HISTOIRE 9

Bienvenue à Tahiti 10

La Polynésie, en géographie 16

La Polynésie, dans l'histoire française 19

MON HISTOIRE : L'ÎLIENNE DU BOUT DU MONDE 31

Mon enfance 34

Mon adolescence 48

Et le poids dans tout ça ? 53

L'AMOUR 57

Le premier amour 61

L'amour, en vrai 65

Nos différends 70

Peine de cœur ? 72

Parlons Q 77

LA VIE À LA TAHITIENNE 87

Les genres et la reconnaissance 88

La religion 94

Du partage aux abus 98

La vie à Tahiti, en politique 103

Nature addict — 109

Pae mou'a — 110

Pae miti — 120

Miss Tahiti — 127

Dépasser les obstacles — 133

Le prix des rêves — 137

L'exposition médiatique — 141

Les étapes — 141

Un couronnement à double tranchant — 151

Miss France — 155

Tout ce qu'il faut pour être Miss — 158

Les différences culturelles — 160

Le concours — 163

Miss : la préparation — 172

Les conseils et l'expérience — 178

Et après — 191

Vivre comme un colibri — 195

La mort, une finalité ? — 200

Choisir une voie opposée — 211

Trouver mon chez-moi — 213

Me lancer de nouveaux défis :
Miss Bikini Fitness — 215

M'émanciper — 218

Ça vient. Du sommet de mon crâne à la pointe de mes orteils, une sensation de chaleur se répand, impérieuse, dans tout mon corps. Par vagues. De plus en plus intensément, de plus en plus fort. Mon souffle est rauque. Je le sens qui approche. Des ondes indescriptibles se font sentir dans le creux de mon bas-ventre. Ces sensations sont intenses, tellement intenses.

Seigneur, comment cet acte tant décrié, si mal vu par la religion, peut-il être une telle source de sérénité, de plénitude et d'extase ? N'est-ce pas là le meilleur remède à l'hystérie, si longtemps attendu, si longtemps espéré ? Me voici, pécheresse, humblement soumise aux plaisirs solitaires, enfin arrivée à cette destination divine que nous promet la foi : le Ciel. Le septième, pour être précise !

Je me dirige vers ma salle de bains pour me laver les mains, tandis que la chaleur de la journée atteint son paroxysme – non à cause de cette sensation qui bouillonne encore en moi, mais bien parce qu'il est midi et qu'ici, le soleil tape fort !

– VAI !

– Oui ?

– À table !

– J'arrive !

Presque 30 ans, et toujours chez mes parents, que dire de plus ? Bon, non, attends, mon parcours est atypique. Je vis chez eux seulement lorsque je rentre à Tahiti ! Mais ça compte, non ? Permets-moi de retracer mon histoire. La nôtre, pour situer d'où je viens, puis la mienne, pour comprendre qui je suis.

Fut un temps où on m'aurait qualifiée de *Tanguy* et je crois qu'aujourd'hui, nous sommes nombreux dans ma génération à être des Tanguy. Ma génération, c'est celle des « milléniaux », les derniers-nés du millénaire précédent, et nous avons tous en commun un mot : FIU.

*Fiu a récemment fait son entrée dans le dictionnaire français. D'origine tahitienne, c'est, d'après le Larousse, un adjectif invariable, dont le sens varie pourtant bien suivant l'utilisation qu'on en fait. « **JE SUIS FIU** » peut se traduire par « je suis las », tandis que « **TU ES FIU** » devient « tu es pénible ». « FIU ! » avec un grand point d'exclamation signifie « J'EN AI MARRE ! » et enfin, l'usage qui illustre le mieux la culture polynésienne :*

« Tu veux faire quelque chose aujourd'hui ?

– UCH, FIU AUSSI. »

Interprétable comme « Ah non, c'est bon, ça me suffit. »

NOTRE HISTOIRE :
2500 ANS D'HISTOIRE

Bienvenue à Tahiti

« Suffire » : un verbe intégré dans notre quotidien d'îliens depuis la nuit des temps. Loin de la faim et du froid, nous n'avons jamais eu à souffrir de ces fléaux qui faisaient rage en Europe.

Possédant des connaissances avancées en astronomie, en climatologie et en océanographie, nos ancêtres étaient des navigateurs hors pair pour l'époque, et vivaient en communautés organisées suivant un système de castes, sous la chefferie des *ARI'I*. Les guerres de territoire ne connaissent pas d'ethnies, et les alliances politiques et les luttes de pouvoir n'épargnaient pas plus les îles du Pacifique que le reste du monde.

L'art de soigner et de guérir, de construire et de cultiver, de naviguer et de pêcher, voire de s'adresser aux dieux… tous ces savoirs étaient détenus par les influents *TAHU'A*, à la fois spécialistes et guérisseurs, qui les transmettaient à leurs héritiers.

Les îliens étaient alors divisés en différentes castes : les *RA'ATIRA*, qui représentaient la petite noblesse ou la bourgeoisie ; les *MANAHUNE*, les gens du peuple, qui constituaient la majorité de la population ; et les *'ARIOI*, qui occupaient une place à part dans la société, régissant divers domaines, dont l'art du *TAPA* (une étoffe végétale), les danses traditionnelles, la fabrication de *RA'AU TAHITI* (médecine traditionnelle) par exemple.

L'équilibre régnait, malgré les conflits. Les jours passaient et se ressemblaient. Le temps était doux et clément, et…

– Tu veux encore du riz ?

– Hein ?

– Du riz ? qu'il me dit en me montrant la cuillère pleine.

– Ah ! Oui, pardon, oui s'il te plaît !

Ça sera parfait pour accompagner le poisson cru au lait de coco.

POISSON CRU AU LAIT DE COCO

Pour 4 personnes

Ingrédients :

- 1 kg de thon, bien frais ! (Et quand je dis frais, c'est de ce matin, hein ? D'hier, au pire, mais pas plus, sinon c'est plus frais.)
- 1 carotte
- 1 concombre
- 2 tomates
- 1 navet (ça, c'est maman qui aime en mettre, mais elle est bien la seule à aimer !)
- 2 branches de céleri
- 1/2 oignon mauve pour la base
- 5 gousses d'ail qu'on adore ajouter dans nos préparations
- 2 citrons verts, des Marquises dans l'idéal, ou du Mexique au pire
- 1 oignon vert pour la déco
- 500 ml lait de coco fraîchement pressé (à la main !)
- Sel, poivre

Préparation :

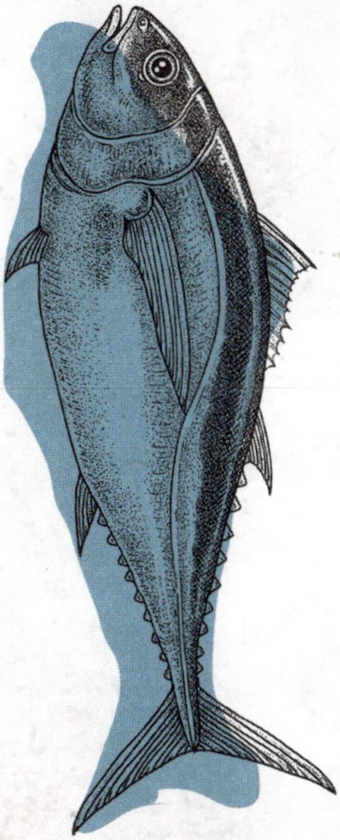

- Coupe le poisson en petits dés.
- Coupe et fais dégorger les tomates. Laisse-les égoutter.
- Coupe tous les autres légumes en julienne ou en dés très fins.
- Râpe l'ail.
- Mélange tous les légumes avec le poisson, et assaisonne avec du sel et du poivre.
- Ajoute le lait de coco, généreusement.
- Puis intègre le citron en dernier dans ta préparation.
- Sers ton plat avec du riz gluant, comme dans les restaurants asiatiques. Le riz doit baigner dans le lait de coco, c'est encore meilleur ainsi !

TĀMĀ'A MAITA'I

(BON APPÉTIT)

Je suis perdue dans mes pensées, écoutant d'une oreille la discussion. Aujourd'hui, on déguste un bon plat traditionnel. Je n'en ai rien mangé d'aussi bon depuis longtemps, ça fait plaisir ! Tellement que je me dis qu'il faudrait peut-être que je m'en prépare en France aussi d'ailleurs !

Le poisson cru au lait de coco est un plat qu'on apprend à réaliser assez tôt, puisque l'éducation tahitienne est ainsi faite : les aînés transmettent leurs responsabilités aux benjamins dès que ces derniers sont assez grands pour participer aux tâches ménagères. Voilà comment on apprend à mettre le couvert et à débarrasser dès l'âge de 4 ou 5 ans, puis à laver la vaisselle, à cuisiner, à plier le linge, à entretenir le jardin, etc. Et tandis que les petits apprennent, les plus grands peuvent se consacrer à d'autres tâches et, petit à petit, chacun devient plus autonome !

C'est un mode d'éducation que je trouve formidable, en réalité. Même si, sur le coup, ça peut sembler pénible, avec le recul, ces obligations nous permettent d'apprendre les bases de la gestion d'une maison pour être capables de nous prendre en main quand on quittera le foyer familial !

Je me suis régalée ! Pendant que les plus jeunes débarrassent et se chargent de la vaisselle, je peux aller faire la sieste en paix. Être la deuxième de ma fratrie me confère les pouvoirs de l'aînée, quand mon grand frère n'est pas là... je n'ai donc pas à m'occuper des tâches ménagères ! C'est fantastique !

Mais revenons à nos moutons ! Où en étions-nous ? Ah oui, l'Histoire ! Reprenons.

*

Le XVIIIe siècle marque la fin de cette ère aux castes bien définies. Entre le XVIIIe et le XIXe siècle, tout a été bousculé : avides de toujours plus de puissance, de richesses et de terres, les principales nations européennes ont sillonné les mers pour annexer de nouveaux territoires et, bien que les Portugais et les Espagnols aient été les premiers arrivés, ce sont les Anglais et les Français qui bénéficièrent des échanges les plus importants.

Pour résumer, les Anglais réussirent à se faire bien voir des chefs avec une arrivée spectaculaire et des cadeaux magnifiques. Les Français débarquèrent plus tard, et ce sont les récits de l'explorateur et écrivain Louis-Antoine de Bougainville qui donnèrent naissance au mythe de « Tahiti, paradis sur terre ». Mais alors, si les Anglais nous ont séduits les premiers, comment sommes-nous finalement devenus français ?

VERSION LONGUE

Chez ces îliens aux mœurs et aux traditions si différents, l'arrivée de l'homme blanc, venu sur un bateau à la forme et aux dimensions jamais vues, chargé d'armes et de marchandises, suscita l'admiration, mais aussi la crainte. Pour s'implanter plus durablement sur ces terres, les missionnaires anglais, décidés à christianiser la population, s'attaquèrent aux cultes initiaux. Ils convertirent Pōmare, l'un des ARI'I dont ils avaient fait leur allié, au protestantisme. Ils transformèrent les croyances et les rites anciens en hymnes et sermons, et bâtirent sur les MARAE, ces lieux sacrés servant aux activités sociales et politiques, des temples protestants. Les protestants qui protestèrent *(jeu de mots trop drôle en vrai)* furent exilés dans les montagnes et décimés par les maladies « importées » d'Europe, n'ayant aucun moyen de se soigner tant qu'ils refusaient de se convertir.

Par la suite, la France, envieuse de voir croître l'influence britannique, envoya ses propres missionnaires catholiques à Tahiti, qui furent expulsés par les Anglais. Cette décision provoqua la colère des Français. Pour restaurer l'honneur de la patrie, la France envoya l'amiral Abel Aubert du Petit-Thouars à bord d'un navire de guerre, dont les canons pointèrent le rivage. Après des négociations tendues et sous la menace des armes, le roi Pōmare V finit par céder et accepta de placer Tahiti et ses dépendances sous le protectorat français. Ce fut un moment de déchirement pour le peuple tahitien, partagé entre la soumission et la rébellion. Et c'est ainsi que nous sommes devenus français !

VERSION COURTE

Les missionnaires anglais ont séduit les *ARI'I*, les chefs locaux, et transformé les lieux de culte traditionnels en temples protestants, contraignant les Tahitiens à se convertir. S'ils refusaient, ils étaient exilés dans les montagnes et mouraient misérablement, en raison des maladies apportées par les missionnaires, qui ne partageaient pas leurs médicaments. *(Quel culot ! C'est du chantage et de la manipulation !)*

La France, jalouse de voir les protestants dominer ce paradis, a envoyé des catholiques qui se sont fait chasser par les Anglais ! Vexé comme un pou, l'un des amiraux français a pointé ses canons sur les côtes tahitiennes et, pour éviter une guerre perdue d'avance, les Tahitiens ont cédé face à cet adversaire belliqueux.

*

Par la suite, et dans le but d'asseoir la domination de la France sur son empire, toutes les traditions relatives à une identité régionale furent rejetées vers la fin du XIXe siècle. Chez nous, ça s'est traduit par l'interdiction de parler tahitien, sous peine d'être humilié à l'école et envoyé au coin avec un coquillage en guise de bonnet d'âne. Les tatouages furent proscrits, les danses traditionnelles prohibées. Toute expression de notre culture et notre identité était condamnée.

À notre grand désespoir, cette censure a provoqué des dommages irréversibles dans la transmission et l'apprentissage de qui nous sommes. Notre culture se transmettant par voie orale, les *RŪ'AU*[1], ne parlant pas français, se trouvèrent isolés par la barrière de la langue, dans l'incapacité de transmettre quoi que ce soit aux *MO'OTUA*[2], qui ne parlaient pas tahitien. Aujourd'hui, on estime la perte de notre identité à près de 80 %.

1. Vieux.
2. Petits-enfants.

T'as vu comment t'as appris plein de choses trop intéressantes en quelques pages seulement ? Pourtant, on est encore loin du plus croustillant ! Je me rappelle l'un de mes voyages à Taha'a, une île de l'archipel de la Société. Ah oui, mais peut-être que tu ne connais pas les archipels non plus… Bon, faut aussi que je te raconte ça, sinon tu n'arriveras pas à situer tout ce que je te dis ! Il y a tellement de choses à partager, tellement de choses à découvrir ! Sois prêt, tu vas en avoir pour ta culture G. C'est parti !

– Non, Vai ! Concentre-toi !

– Bon, ben va à la fin de ce chapitre, alors ! Inutile de me houspiller comme ça là ! Roooh.

– Vas-y, Vai, tu racontes ça tellement bien, je suis à fond, fais-toi plaisir !

– Ah ! Trop cool, vas-y, c'est pour moi ! Viens, je vais te présenter la Polynésie !

La Polynésie, en géographie

La Polynésie compte 118 îles, réparties en 5 archipels (regroupement d'îles relativement proches) sur une zone aussi vaste que l'Europe, soit presque 5 millions de kilomètres carrés. Malgré la superficie très étendue de la zone maritime, si on collait toutes les îles ensemble, on obtiendrait un territoire équivalent à la moitié de la Corse, peuplé par un peu plus de 280 000 habitants (selon l'Institut de la statistique de Polynésie française [ISPF], en 2022, il y avait 283 147 habitants recensés). Voici donc les 5 archipels qui composent notre pays *(parce que oui, nous sommes un POM, un Pays d'outre-mer) :*

- **LA SOCIÉTÉ** : c'est l'archipel principal, celui où se trouvent les îles les plus cotées : les îles du Vent, Tahiti et Mo'orea – et Tetiaroa –, et les îles Sous-le-Vent, Bora-Bora, Ra'iatea, Huahine, Taha'a et Maupiti. Puisque Tahiti est l'île principale et Mo'orea son île « sœur », ces deux îles regroupent à elles seules près des trois quarts de la population polynésienne. On y trouve des îles hautes, montagneuses, entourées d'un récif corallien *(une barrière de corail qui protège le lagon et la terre)*.
- **LES TUAMOTU** : les îles plates, qu'on appelle « atolls ». Elles n'ont pas de montagnes et sont littéralement des récifs coralliens qui protègent le lagon. On y vit de la pêche et du COPRAH, la culture des cocos *(je rappelle chez nous un COCO, c'est une noix de coco)*. Sur les 118 îles que compte la Polynésie, 76 appartiennent aux Tuamotu. Ce sont aussi les îles les plus menacées par le réchauffement climatique et la montée des eaux.
- **LES MARQUISES** : des îles hautes, sauvages, sans récif ni lagon. Elles sont intenses, riches d'une force spirituelle appelée « MANA ». L'océan Pacifique les forge à coups de marées et de courants. Ces îles ressemblent à la Polynésie des années 1950 et conservent un caractère aux couleurs de ces terres. Elles sont aussi appelées la Terre des Hommes, FENUA ENATA.

• **LES GAMBIERS :** je n'y suis pas encore allée, alors je ne suis pas la mieux placée pour te les décrire. Mais ma grand-mère maternelle est originaire de Mangareva, où elle a grandi. D'après elle, Mangareva est l'île qui rassemble à elle seule toutes les caractéristiques des 5 archipels : des falaises, des montagnes, des atolls, des MOTU (petits îlots). L'artisanat traditionnel, à base de NĪ'AU et de fibre de coco, est la principale ressource de cet archipel.

Nī'au : c'est la nervure des palmes de cocotier ! Pour t'expliquer ça simplement, on enlève toute la partie charnue de la feuille et on conserve la tige : c'est comme ça qu'est obtenu le NĪ'AU ! Les feuilles de palmier sont utilisées vertes ou séchées, tressées pour confectionner des sacs, des chapeaux, de la déco, et le NĪ'AU tout seul peut être rassemblé en bouquet, pour en faire un balai, aussi appelé BALAI NĪ'AU, soit l'arme de dissuasion par excellence de nos parents ! « TU VEUX LE BALAI NĪ'AU ? » C'est la menace préférée de nos parents et si, après avoir entendu cette phrase, tu continues tes bêtises, tu ne tarderas pas à en recevoir un coup sur les fesses ! Et la vérité, c'est que ça fouette !

• **LES AUSTRALES :** là non plus, je n'y suis jamais allée ! C'est l'archipel le plus au sud de la Polynésie. Là-bas, il fait froid pour de vrai, mais selon notre échelle de froid à nous, pas celle des métropolitains qui ont déjà vécu des températures négatives ! Pour nous, qui avons toujours vécu sous les tropiques, 16 °C, c'est comme dans un congélateur : glacé !

Voilà la fin de la présentation de la PYF (Polynésie française abrégée, selon mon référentiel), gardez-la en tête, ça peut ressortir à tout moment !

*

Nous voici de retour à Taha'a, à près de 40 minutes d'avion de Tahiti ! Concentre-toi bien : avec moi, ça va vite. Pas une seconde pour te reposer, ça s'enchaîne ! Imagine... Tu es tranquillement installé dans ton salon, après manger. Il y a des photos de nuages en champignons ! Tu vois où je veux en venir ? Je ne sais plus comment je l'ai appris, mais il me semble que ce n'est pas à l'école primaire ! Pourtant, c'est une partie de l'histoire qui doit être enseignée ! Ça te chauffe ?

– À fond les ballons !

– Reste là, tu verras, c'est passionnant !

– Pas le moins du monde !

– Peu importe, il y a des choses que tu dois savoir, alors je me permets d'insister !
Tu vas apprendre ! héhé.

La Polynésie, dans l'Histoire

Après la Seconde Guerre mondiale, le président de Gaulle a eu la « très bonne idée » d'armer la France d'un argument dissuasif : l'arme nucléaire. Après de premiers essais dans le désert du Sahara, les têtes pensantes se sont finalement rendu compte que le Sud algérien était encore trop proche de l'Europe. Après réflexion, ils ont jugé que la Polynésie, à l'autre bout du monde, était le terrain parfait pour faire exploser leurs bombes !

Pour ce faire, le gouvernement a donné beaucoup, beaucoup d'argent aux Polynésiens, pour leur permettre de développer les infrastructures du pays. Dès 1961, l'aéroport international de Tahiti Faa'a a été inauguré, et les militaires ont commencé à débarquer avec de la nourriture et de l'argent !

C'est là que ça part en steak ! Oui, parce qu'avant, on mangeait surtout du poisson, mais puisque les avions apportent de nouvelles denrées, on peut dire que c'est le cas, non ?

Le Polynésien est très actif de nature. Dans son quotidien, il pratique principalement l'agriculture et la pêche. Il doit bouger constamment pour vendre ses récoltes, aller chercher des denrées ou les préparer pour le dîner. En 1966, l'arrivée du Centre d'expérimentation du Pacifique (CEP) créa de nombreux emplois de fonctionnaires. En bref, on pouvait gagner plus, en bougeant moins ! *Et là, c'est le drame ! On apprécie...*

– Vai, t'es réveillée ? Tu pourras aller chercher du fafa dans le jardin ?

– Hein ? Ah oui, OK.

– Oui, tu vas préparer du poulet fafa pour ce soir.

– Oui, mamie.

Oui, mamie aussi est là. Il faut dire que dans la culture polynésienne, la famille est une valeur bien ancrée. Ici, on ne quitte pas la maison familiale pour aller se louer un appartement. On habite tous ensemble, jusqu'au jour où on a assez d'argent pour acheter son propre terrain, construire sa maison et continuer sa vie de famille, avec tout ce qu'on aura appris ! Ainsi, on habite avec notre compagnon, parfois même avec nos enfants, chez nos parents, jusqu'à ce qu'on ait les moyens de s'offrir un chez-soi. L'économie se fait sur le nombre : il y a plusieurs sources de revenus pour un même foyer, ce qui divise d'autant les dépenses ! C'est pratique sur le plan financier, bien sûr, mais ça permet aussi de développer le lien intergénérationnel entre les grands-parents, les RŪ'AU, et les petits-enfants, les MO'OTUA.

S'il y a bien une chose que j'ai apprise en grandissant auprès de mes grands-parents, c'est que, plus vite c'est fait, plus vite ce n'est plus à faire. Ben oui, c'est évident, me répondras-tu. Oui, mais non, parce que même si on le sait, ça ne signifie pas qu'on le mette en application tout de suite ! C'est ce qu'on appelle la procrastination : remettre à plus tard ce qu'on peut faire maintenant, un art qui date de notre millénaire, d'ailleurs.

Autrefois, on ne pensait pas ainsi ! On faisait, c'est tout. Inutile de réfléchir davantage : allez, je me lève, je fais mon lit et j'y vais. Au carré, s'il te plaît ! Si mamie voit un pli, elle râle, alors on évite hein ?

Le FAFA, c'est une plante verte, avec des feuilles en forme de cœur allongé. On le confond parfois avec le TARO, mais ce n'est pas la même chose. Le fafa, c'est le fafa et le taro, c'est le taro – un de mes accompagnements préférés, d'ailleurs, que papi Ho m'a appris à planter. Rien à voir avec le tarot !

Le taro (sans T) est un tubercule, une racine cousine du manioc qui pousse dans une terre irriguée et qu'on peut consommer. Pour en faire pousser, on creuse un trou profond de près de 60 cm dans la terre avec un diamètre d'environ 30 cm (à la louche, hein. On ne se balade pas avec un mètre dans la cour, quand même). *Pas de risque de le confondre avec le tarot (avec un T), qui est un jeu de cartes utilisé pour jouer au jeu du même nom ou faire des tirages de sorcière, héhé !*

Pour cuisiner le taro, on sépare le corps des feuilles, comme on le ferait pour une carotte. On récupère les feuilles, qu'on jettera dans un trou : 9 mois après – oui, comme pour un bébé – la racine s'est développée et ta-daaaa, le taro est prêt à être recuisiné !

En revanche, quand il n'est pas cuit, le taro est urticant. Alors, n'essaie pas de le goûter quand tu le découpes ! Mamie Ho m'avait prévenue : « Fais attention Vai, ça gratte, il ne faut pas que tu en mettes dans ta bouche. » Je l'avais regardée du coin de l'œil et m'étais dit que moi, j'étais plus forte qu'eux et que ça ne me ferait rien ! Après avoir touché ma langue du bout des doigts, plus par défi qu'autre chose, j'ai couru pleurer dans la salle de bains en grattant ladite langue avec les ongles, alors que de la sève de taro s'écoulait lentement sous l'eau du robinet. Bien fait ! Quand j'y repense aujourd'hui, je me rends bien compte que j'étais une sacrée pestouille… finalement, ça n'a pas beaucoup changé.

Pour préparer le taro, c'est comme avec les patates. C'est cuit une fois que tu peux transpercer les morceaux avec une fourchette – tu vois ?

Revenons-en au fafa ! En relisant ce que j'écris, je me rends bien compte que, dans ma tête, ça part vraiment dans tous les sens. Comme un arbre. Tu vois ? La racine est bien ancrée, le tronc bien droit, et puis ça part sur une branche, une feuille - oh une feuille qui tombe ! Est-ce que je souffre de trouble de l'attention ? Ça ne m'étonnerait pas ! J'ai toujours été dissipée et… Le fafa ! Oui, le fafa !

J'en profite pour partager avec toi la recette de mamie ! Ne lui dis pas que je te l'ai donnée, ses recettes, c'est son plus grand secret !

Où en étions-nous ? Avant que mamie me demande de préparer le dîner ?

RECETTE DE POULET FAFA

Pour 6 personnes

en vrai, j'ai un peu cherché sur Internet parce que mamie ne voulait pas que je divulgue tous ses secrets non plus, faut pas abuser !

Ingrédients :

- 6 blancs de poulet
- 1 kg de fafa ! Indispensable, parce que c'est comme les épinards, ça diminue beaucoup en volume dans la cuisson. Si tu ne trouves pas de fafa, tu peux prendre des épinards.
- 1/2 litre de lait de coco frais (pressé à la main !)
- 2 oignons ciselés
- 2 cubes de bouillon au poulet (le meilleur selon moi)

Préparation :

- Lave les feuilles de fafa, puis fais-les bouillir pendant 30 minutes dans un grand volume d'eau avec un peu de jus de citron et les cubes de bouillon.
- Fais fondre l'oignon dans une cocotte, puis ajoute le poulet et fais-le dorer.
- Ajoute au poulet ¼ litre d'eau avec le cube de bouillon.
- Ajoute le fafa au reste et laisse mijoter environ 10 minutes.
- Ajoute le lait de coco à la préparation et fais cuire à feu doux jusqu'à ébullition.
- Sers avec du riz gluant.

TĀMĀ'A MAITA'I

Ah oui, les années 1960 ! Après l'implantation du CEP et l'arrivée de toutes ces nouveautés, les activités professionnelles très physiques ont été mises de côté pour gagner plus d'argent en se fatiguant moins. Le plaisir de goûter à de nouveaux aliments, riches en gras, en sucre et en sel, a modifié les corps, peu habitués à ce type d'apport. C'est comme ça qu'a commencé l'apparition du diabète et de l'obésité.

En plus d'être devenus gros et mous, les Tahitiens ont aussi développé une appétence pour l'alcool, qui les transforme en machines de guerre, passé minuit. À l'image des Gremlins, les Polynésiens, accueillants et sympathiques au premier abord, se transforment en force de destruction massive sous l'effet de l'ivresse. Bien souvent, lors de soirées trop prolongées, ou de journées à célébrer la vie comme on aime célébrer chaque jour qui passe, l'ambiance change et les esprits s'échauffent. Il n'est pas rare de voir une bringue se terminer en bagarre.

La bringue ! Ça aussi, il faut que je te l'explique !

C'est un moment de joie, comme on en connaît pas mal ici, où on va se retrouver pour passer du bon temps ensemble. Peu importe où, tout ce qui compte, c'est d'être ensemble. Certains apportent à boire, chacun une caisse de Hinano *(une caisse, c'est vingt pintes. Imagine, t'as dix litres de bière à boire pour le week-end et tu remets ça régulièrement ?)*, d'autres à manger, d'autres encore des instruments ! On joue de la musique, on chante, on danse. Les enfants enchaînent les parties de cache-cache ou de **PRÉ-FÉE** *(je ne sais même pas comme ça s'écrit, mais c'est l'équivalent de jouer au loup)* ou de tout plein d'autres jeux dont ils ont le secret ! C'est festif, c'est joyeux, on rigole et on profite de ce temps de douceur en partageant le même répertoire de chansons ! *(Que tu peux trouver sur Internet avec les notes si jamais)*

D'ailleurs, voici l'une de mes préférées : *Fa'afaite* de Pepena.

TUTO 'UKULELE[3]

Va regarder sur YouTube, je suis sûre que tu trouveras de quoi faire pour apprendre à la jouer.

x2

Bm D
'A hi'o mai, tamari'i au na 'outou

A G
E'ita au e fa'ari'i te 'ā'ia tupuna

Bm D
'A hi'o mai ia'u, 'ua fa'aoti au

A G
E hīmene na roto i to tātou reo
Te feruri nei au o te tīa'i o te pō

Bm D
E ha'e ha'e, E ha'e ha'e

A G
'Ua rere te mau feti'a

Bm D
E ha'e ha'e, E ha'e ha'e

A G
'Ua rere te mau atua

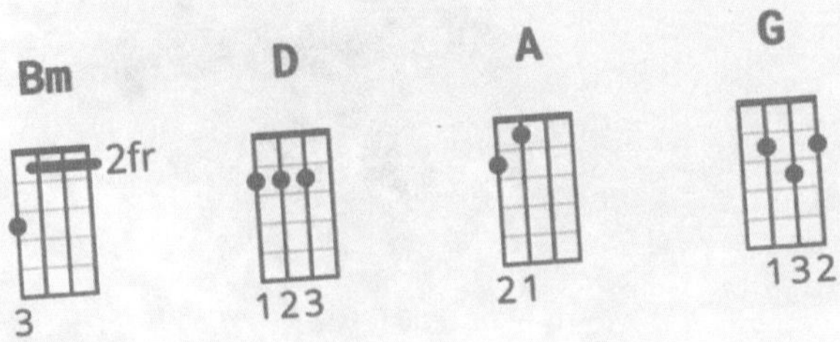

3. Ce sont les notes en anglais d'ailleurs, car je suis polyglote. Voici comment convertir les notes: :A = La, B = Si, C = Do, D = Ré, E = Mi, F = Fa, G = Sol.

ARRÊTE DE TERGIVERSER ! Purée !

OK, OK, c'est bon, je me concentre, ça va, oh là là ! Donc, le CEP, le Centre d'expérimentation du Pacifique !

L'arrivée du CEP a sonné le début des essais nucléaires en Polynésie. Bien qu'on en ait largement vanté les vertus pour nous convaincre de leur bien-fondé, on connaît aujourd'hui les conséquences de ces essais.

Imagine ! À l'époque, ils promettaient que c'était sans danger, que ça créerait de nouveaux emplois et qu'on vivrait plus confortablement ! C'est vrai, c'est totalement vrai ! Ils ont juste oublié de prévenir des effets négatifs qu'engendreraient les tirs. Quelque temps après le début des essais, on a commencé à découvrir des maladies inconnues jusque-là, des cancers, par exemple, surtout chez les habitants des îles voisines de Moruroa et Fangataufa. On a vu des îles disparaître à cause des fissures provoquées par les essais. L'océan a été ravagé, d'innombrables coraux sont morts. La mer a été transformée. Peuple de l'Océan, nous n'étions même plus en mesure de comprendre ce qu'il se passait autour de nous. Pour nous qui avions toujours vécu en harmonie avec la nature, les essais nucléaires l'ont rendue méconnaissable. Comment aurions-nous pu nous comprendre à nouveau ? Comment aurions-nous pu retrouver l'harmonie avec la nature ? Comment justifier cela, au nom de la gloire de la France ?

Évidemment, les colons diront que sans eux, nos archipels ne seraient pas aussi développés ! Nous n'aurions pas d'hôpitaux de pointe, une éducation « normale », des routes et du réseau pour rester connectés. Et c'est sans doute vrai ! Oui, enfin, sans tout ça, nous n'aurions pas eu à subir 193 essais nucléaires, dont les ravages se font encore sentir à ce jour. Nous n'aurions sans doute pas non plus autant de cancers, et donc pas besoin des hôpitaux métropolitains, parce qu'on savait déjà soigner « nos » propres maladies. Mais j'imagine que ce discours n'est pas compréhensible ou admissible pour des gens qui n'ont pas grandi ici.

Maintenant que j'y pense, peut-on être heureux quand on a « toujours plus » pour seule ambition ?

D'ailleurs, en parlant de toujours plus, le consumérisme est un autre démon qui nous ronge, nous aussi. À force de vouloir toujours plus, toujours mieux, le crédit à la consommation s'est taillé une place de choix dans le quotidien des Polynésiens. Avoir une plus grosse voiture, passer la semaine à Las Vegas ou faire du shopping en Nouvelle-Zélande… Nombreux sont ceux qui, pour satisfaire un besoin d'opulence immédiat, vont contracter des dettes qu'ils auront du mal à rembourser. Ça aussi, ça a contribué à notre perte. Ne connaissant pas la valeur des terrains ou du crédit, beaucoup de petits propriétaires ont échangé leurs terres contre des caisses de bière ou d'autres objets de désir. Et maintenant, nombreux sont ceux qui rêvent d'indépendance, de récupérer le foncier perdu par bêtise, par ignorance. Ben non ! On ne peut pas ! On est bien trop dépendants des flux financiers qui viennent de la France ! Et après ? On ferait comment ? Pour maintenir le mode de vie occidental auquel on s'est habitué ?

Le paysage des îles a changé, dévoré par le capitalisme et l'avidité. Les projets immobiliers défigurent à présent la beauté de nos littoraux. L'individualisme croissant pèse sur la fraternité et la solidarité, et l'esprit de partage qui caractérisait notre culture a cédé devant la misère et les inégalités. Bien sûr, le consumérisme et l'ignorance ne sont pas seuls en cause. Dans les îles, la vie est chère, très chère, à cause des importations, et le coût du quotidien ne cesse d'augmenter. S'il fallait un élément comparatif pour comprendre l'ampleur de la dureté de la vie là-bas, imagine-toi que tout est presque trois fois plus cher qu'à Paris, avec un salaire moyen presque équivalent.

À ce jour, le salaire minimum en Polynésie est de 173 181 CFP, soit près de 1 457,50 €, tandis qu'en Métropole, il est de 1 426,30 €. Tu vois un peu ? Il y a 30 € en plus à gagner dans ces îles pour un coût de la vie bien plus élevé ! C'est fou !

Les plages de sable blanc ou noir, les montagnes vertes, le parfum du large, la beauté du lagon, l'accueil chaleureux et la générosité des

Polynésiens sont des arguments de poids pour convaincre n'importe qui de venir visiter ce « paradis sur terre ». Une fois séduits, certains se font plaisir en s'offrant un terrain ou une résidence secondaire, voire tertiaire. Ne pouvant rivaliser, les Tahitiens se voient privés de leurs terres. Elles se vendent à l'extérieur et la valeur du foncier ne cesse de grimper. Nous n'avons plus les moyens de vivre chez nous. Nous vivons ainsi plus longtemps chez nos parents, avec un espoir de plus en plus mince d'avoir un jour un foyer à nous.

En plus du foncier, tout ce qui relève de la consommation locale est également problématique. Quand j'étais au lycée, on avait étudié ce qu'on appelle « le taux de couverture ». *Pour faire simple, je vais te présenter ça sous la forme d'une fraction – moi qui déteste les maths, je trouve cet exemple tout à fait parlant !*

Le taux de couverture est le rapport entre les exportations et les importations, qui se calcule ainsi : (Exportation/Importation) x 100.[4]

C'est la capacité des exportations à couvrir les importations dans un pays donné. Aujourd'hui, le taux de couverture de la Polynésie est inférieur à 5 %. Cela signifie que, sur tout ce qui est consommé dans les îles, seulement 5 % de ce qui est acheté pour être consommé chez nous est couvert par ce que nous produisons et envoyons à l'étranger. Ça veut dire que si demain, nous ne sommes plus français, nous n'aurons plus la capacité de subvenir à nos besoins à hauteur de 95 %. Nous sommes totalement dépendants de la France.

Pour sortir de ce cercle vicieux, il y aurait de nombreux changements de fond à mettre en œuvre. En vrai, et ça ne plaira pas à tout le monde, il faut revenir au mode de vie d'avant ! Arrêter d'utiliser sa voiture ou son scooter pour parcourir 500 m, marcher beaucoup, aller pêcher en pirogue pour diminuer la dépendance aux hydrocarbures, investir dès à présent dans la production et le stockage d'énergies renouvelables ! Manger du poisson et des légumes locaux...

4. J'ai fait un stage d'étude à l'ISPF et rédigé un mémoire sur la dépendance aux importations en Polynésie Française ! Faut croire qu'en plus d'être belle, je suis aussi une tête ! hehe (modestie, où es tu ?)

Ça, ça n'aurait d'impact que sur les importations ! Qu'en est-il des dépenses courantes qui relèvent du mode de vie occidental ? Voyager ? Faire du shopping en ligne ? Peut-être même utiliser un réseau mobile ? Comment Internet fonctionnerait si nous n'avons plus d'électricité ? Notre monnaie, le franc Pacifique (XPF) est indexé sur l'euro. 1 € = 120 XPF. Si demain nous devenons indépendants, nous subirons une perte énorme de la valeur de notre monnaie sur les marchés financiers. Aurons-nous seulement les moyens d'acheter quoi que ce soit ?

Il y aurait encore bien d'autres choses à changer, mais cela relève de décisions politiques et pour le moment, je n'y comprends rien ! Simplement, ce que j'ai appris là-dessus à l'école m'a révoltée, j'avais besoin de partager un peu de ma frustration ! J'espère que je ne t'ai pas gavé avec tout ça !

Malgré tout, il est important de souligner que si ça n'avait pas été la France, ç'aurait été un autre pays. Dans tous les cas, nous n'avions pas les moyens militaires de nous défendre face à des armées modernes. Et encore, pour la Polynésie, la colonisation s'est passée de manière relativement pacifique, comparée à celle de la Nouvelle-Calédonie par la France, ou à celle de l'Australie par les Anglais.

Finalement, quand on regarde l'Histoire, on ne peut que constater que les blancs se sont imposés face aux civilisations qu'ils considéraient comme moins développées et les ont soumises à leur pouvoir. On appelle ça la loi du plus fort ! Et lorsque ces civilisations acquièrent assez de ressources pour rivaliser, la loi et la justice viennent s'interposer pour contenir le retour de bâton. C'est ainsi qu'aujourd'hui, les pays du Nord découragent les pays émergents de se développer pour des raisons écologiques. C'est comme un mec qui a fait mille fois le tour du monde en avion, et qui aurait une soudaine prise de conscience et irait convaincre les autres de ne pas prendre l'avion.

*

Et dire que je te raconte tout ça en préparant le poulet fafa de ce soir ! Quel talent !

– C'est prêt !

– Déjà ? C'est bon au moins ? T'as pris quelles feuilles, pour le fafa ?

– Ben les plus jeunes, comme tu m'as appris ! Et c'est aussi moi qui ai **TĀVIRI LE COCO**[5]*, goûte un peu ?*

> **Un peu** : encore une expression à souligner ! Chez nous, on ne dit pas « s'il te plaît », on dit « **UN PEU** », parfois ça peut même être dit ainsi : **E'E**. Le « e » se prononce [é] en tahitien, ce qui donne [é é] en phonétique, avec les sourcils de la pitié :

5. Pressé le coco.

MON HISTOIRE : L'ÎLIENNE DU BOUT DU MONDE

On a fini de manger ! Je suis une cuisinière divine ! Ma formation est sans failles, que dire de plus ?

Voilà, les petits débarrassent ; je peux aller me reposer. C'est mon moment, je le sens ! Le moment d'aller méditer – c'est comme ça que j'appelle ça : alléger son corps et apaiser son cœur, se soulager du lourd poids des pensées, et se recueillir dans mon coin préféré : le petit...

T'as compris ? J'vais pas l'expliquer si tu ne l'as pas compris, mais je me trouve tellement drôle !

C'est mon tour, mon histoire ! Je sais que tu l'as attendue.

À vrai dire, mon histoire est assez unique et plutôt compliquée, hein ? Mes parents se sont séparés alors que je n'avais même pas 2 ans. Ensuite, ils se sont remariés – chacun de leur côté, évidemment, pour éviter toute tentative de meurtre. Aujourd'hui, mon héritage est plus réduit que jamais. Il faut dire que l'arrivée de deux frères et deux sœurs dans ma vie a un peu chamboulé mon quotidien d'adolescente, puisque nous avons jusqu'à seize ans d'écart. Mais maintenant que j'ai presque 30 ans, et qu'ils sont eux-mêmes adolescents, ça va mieux. Du moins, aussi bien que ça peut se passer avec des ados ! Je rappelle que je suis deuxième dans l'ordre de naissance, ce qui me confère le pouvoir de l'aînée. Autrement dit, je suis quatrième dans la hiérarchie familiale et mon pouvoir divin s'exerce sur les plus jeunes de la famille (cousins et cousines inclus, évidemment !). Voilà à quoi ressemble ma vie familiale !

Pour ce qui est de ma personnalité, je suis une femme entière, paraît-il, passionnée, qui gère le quotidien selon l'expression « à chaque jour suffit sa peine », et qui avance pas à pas dans ce grand flou qu'est la vie. En trois décennies, j'en ai appris des choses, dis donc ! Et pas qu'un peu ! Il faut dire que les épreuves que nous traversons sont inégales, et ce n'est pas l'âge qui détermine la sagesse d'une personne, mais bien tout ce qu'elle a vécu et les leçons qu'elle en tire. C'est ainsi que ma grand-mère m'a dit : « Toi, tu es forte parce que tu as dû affronter beaucoup de choses dans la vie, comme moi. »

Attention : trigger warning, on va parler d'un sujet sensible. Sautez cette partie, si vous ne vous sentez pas de m'accompagner dans ces souvenirs douloureux.

Quand j'étais petite, j'ai subi ce qu'un enfant sur dix, en France, subit : l'inceste. Autant entrer directement dans le vif du sujet et me présenter dans toute ma globalité et ma complexité. C'est par ce traumatisme, que je suis encore en train de régler à ce jour, que mes premiers souvenirs débutent. Pourtant, avec tout le travail réalisé avec mon psy, je le sens, cette blessure-là sera bientôt guérie. Alors, voyons comment ça commence.

(Bruit de chasse d'eau)

C'est un sujet qui m'a longtemps fait ch... pratique, quand j'ai besoin de « méditer » ! Ça y est ? T'as capté ? J'vais pas le dire, mais t'as compris, hein ? Tu vois que je peux être subtile parfois ! J'vais me laver les mains et je suis tout à toi !

Mon enfance

Souvenirs, souvenirs

MADAME KARINE

Mon tout premier souvenir se déroule à l'école ; j'étais en petite section de maternelle, SP pour les initiés. Mme Karine, ma maîtresse, nous aidait à préparer notre cadeau pour la fête des Mères : le tableau d'un vase, avec des fleurs, qu'on aurait peint en respectant les limites de son tracé. Avec le recul, je me dis qu'être maîtresse en maternelle, ça ne doit quand même pas être de tout repos !

MADAME CHRISTIANE

Ensuite, j'ai eu Mme Christiane, section des moyens (SM). Un jour, alors que je bavardais avec Ro'o, mon copain de classe, elle nous a mis du scotch sur la bouche ! Enfin, c'était surtout moi qui discutais, le pauvre n'avait rien fait et a fondu en larmes devant l'injustice. Tandis que Ro'o pleurnichait, je riais sous le morceau de plastique, à tel point qu'il a fini par se décoller et que j'ai pu continuer de bavarder sans avoir besoin de l'enlever ! *(Ni vu ni connu !)*

Un peu de prononciation

Vite fait, les « ' » dans les mots en tahitien se prononcent. On appelle ça un **ETA**, *il faut mettre un coup de glotte. Ro'o, ici se prononce RO O : [roʔo]. Pas ROO, pas RO. Toutes les lettres se disent. À l'image de Teahupo'o [te.a.hu.ʔpo.ʔo], le village où a eu lieu l'épreuve de surf des Jeux olympiques de Paris 2024, ou encore de Faa'a, toutes les lettres se prononcent.*

Dans l'alphabet tahitien, il y a bien moins de consonnes, et on utilise beaucoup de voyelles. Le e se prononce [é], le u [ou]. Le H est sonore. Enfin voilà quoi, toutes les lettres sont considérées. Un peu à l'image de 'Ohana, qui signifie famille en hawaïien « 'Ohana veut dire famille, personne ne doit être oublié, ni laissé derrière » – exactement ce que dit Lilo, dans Lilo et Stitch *! Et oui, « de 'Ohana » et pas « d'Ohana » !! Allez hop, on y retourne !*

Il y a aussi eu cette fois où cette même Mme Christiane a refusé de me laisser entrer dans la classe parce que maman m'avait autorisée à mettre du rouge à lèvres, mais que ça ne l'était pas à l'école. On a dû l'enlever pour que je puisse rejoindre mes camarades. Ça m'avait beaucoup contrariée, à l'époque, c'est là que j'ai décidé que je n'aimais pas cette maîtresse !

Puis, il y a eu Mme Christiane *bis*, en section des grands (SG) ! Avec elle, j'ai deux souvenirs : le premier, c'est quand on a fait un biscuit de la forme de l'initiale de notre prénom, et où j'ai envié Warren qui avait deux fois plus de gâteau que moi avec mon V. Le deuxième, c'est le jour où elle m'a tapé la tête avec une pile de cahiers, parce que je ne comprenais pas la consigne. Elle non plus, je ne l'ai pas aimée très longtemps.

*

Et, nous y voilà, c'est le moment de décrire cette situation sale, injuste et écœurante que j'ai vécue, alors que je devais avoir entre 5 et 6 ans. Attention : je vais être explicite. Si tu n'es pas en mesure d'y faire face, retrouve-moi plus loin *à la page 39.*

J'étais belle, comme je l'ai toujours été, mais à ce moment-là, j'étais aussi innocente qu'une enfant puisse l'être. C'est de cette innocence qu'un homme a profité, pour me suggérer de faire des choses immorales : « Regarde comment elle bouge ! T'as vu ? Ça monte, ça descend, ça monte, ça descend. Touche, touche, tu vas voir comme c'est chaud. T'aimes ? »

Qu'y avait-il là à aimer ? Cet adulte me faisait face en me demandant de réaliser des choses que je sentais étranges. Mais moi, qui avais toujours été guidée par les adultes, je m'appliquais à l'écouter, comme on me l'avait enseigné.

« Tiens, goûte, tu vas voir, c'est bon. » À 5 ans, que sait-on de ces choses qu'il a exigées de moi ? Rien du tout ! Et que fait-on quand un adulte nous demande de faire quelque chose ? On s'exécute !

Me voici donc face à lui, goûtant timidement la chair durcie par le vice. « Ce sera notre secret. Il ne faut pas le dire aux autres, sinon, ils vont avoir des problèmes. » Je n'aime pas les problèmes, je n'aime pas que les autres aient des problèmes non plus, surtout pas à cause de moi ! Alors, je garde ce secret, celui de la chambre. Je garde aussi celui de la salle de bains ou encore celui du garage, de l'arrière de la cour, derrière les voitures. Pourtant, cette fois-là, sa plus jeune fille est venue nous trouver. « Qu'est-ce que vous faites ? C'est maman qui demande ? » « Rien ! Retourne là-bas ! » a-t-il répondu en se hâtant de remonter son short. Et elle est repartie.

Avec le recul, en y repensant, je me demande ce que sa femme savait de tout cela. Dans quelle mesure elle envoyait sa fille nous trouver, revenir penaude, et nous laissait vaquer à nos « occupations ». Il y en a eu d'autres, d'après le pédopsychiatre qui m'a auditionnée. C'est arrivé neuf fois, paraît-il. Et lui, je lui ai tout raconté, après une conversation que j'ai eue avec maman. Je m'en souviens comme si c'était hier.

C'était une belle journée ensoleillée, nous avions sorti le bateau pour aller nous promener sur un *MOTU*, un îlot, à Mo'orea. On marchait entre les arbustes. La brise marine de l'océan apportait des effluves salés dans l'air. L'odeur iodée se mélangeait parfaitement au parfum de ces plantes qui avaient su pousser sur du corail, dans un environnement hostile et difficile. Nous venions de poser le bateau sur la plage et l'avions attaché à des racines séchées qui traînaient par là. Cette journée s'annonçait belle ! Pétillante et pleine de coups de soleil ! Et pour une raison que j'ignore, elle a commencé à parler d'une voix légère d'un sujet bien lourd.

– Tu sais, Vai, dans la vie, il n'y a pas que des gens gentils. Quelquefois, tu rencontreras des gens méchants, qui te diront de faire des choses bizarres, et, si ça arrive, il faudra que tu le dises et qu'on en parle ensemble.

– Comme quoi, par exemple ?

– Ben, je ne sais pas… Quelqu'un qui te demandera de toucher ta poupoune [le surnom de la vulve, en Polynésie] ou que toi tu touches sa poupoune, par exemple [les garçons n'ont pas de poupoune, hein. Mais c'était pour l'image].

– Ah ben ça m'arrive !

– Quoi ?

Son visage s'est décomposé. Maman est énervée. Du haut de mes 5 ans, je me dis que j'ai dit quelque chose qui a énervé ma maman. À cause de moi, elle est dans tous ses états. Je ne suis pas une gentille fille. Évidemment, ce n'est pas le raisonnement qu'il aurait fallu tenir, mais cet âge, quel raisonnement logique peut-on avoir ?

Notre balade a été écourtée et nous sommes rentrées à Tahiti. Maman ne parlait pas, sa mâchoire était si serrée qu'elle grinçait des dents, et le silence était oppressant. C'est à partir de là que les problèmes ont vraiment commencé. Au départ, la relation entre mes parents était déjà tendue. Avec ça, c'est devenu plus pesant que jamais. Ils ne s'appelaient que pour se crier dessus, et je prenais cher ! Déjà parce que j'étais au milieu d'eux deux, mais surtout, parce que j'absorbais tout ce qu'ils se disaient. Les mots n'étaient pas tendres, et mon cœur de petite fille encaissait les remarques envers l'autre parent. Je ne suis plus jamais allée chez cet homme, et n'ai plus jamais eu à le revoir. Sans vraiment comprendre ce qu'il s'était passé, j'étais simplement soulagée de ne plus avoir à le croiser.

Si j'en parle de manière aussi transparente, c'est avant tout parce que c'est arrivé et que ça fait partie de mon histoire. Il ne s'agit pas d'essayer de faire pleurer dans les chaumières. Le sujet que je souhaite mettre en avant ici relève davantage de la responsabilité de la personne coupable et ce n'est pas moi.

En tant que petite fille, je n'étais pas responsable de ce qu'il avait fait. Je n'ai pas à porter le poids de ce qu'il s'est passé. Des années plus tard, c'est chez un psychologue que j'ai fait un exercice qui m'a beaucoup aidé et que je souhaite te confier ici. C'est valable pour ce cas-ci, comme ça pourrait l'être pour plusieurs autres situations : visualise-toi, enfant. Visualise ce qu'il s'est passé. Que lui dis-tu ? Que fais-tu ?

Cette question, elle peut sembler simplette formulée comme ça, anodine, quelque part et peut être même un peu clichée. Pourtant, quand j'ai fait l'exercice, je me suis visualisée, petite fille, qui a eu peur d'être réprimandée parce que j'avais dit quelque chose qui avait énervé maman, parce qu'ils se disputaient et se criaient beaucoup dessus mes parents. Alors, je me suis imaginée face à moi. Je me suis prise dans mes bras et me suis dit que ce n'était pas de ma faute. Ce qu'il s'est passé n'est pas ma faute. Si maman pleure, si papa est fâché, s'ils se disputent, ça n'a rien à voir avec moi. Ils sont en colère par ce que j'ai subi quelque chose qui n'aurait jamais dû arriver. Ils sont démunis, ils ne savent pas comment réagir, mais ce n'est pas ma faute et je ne dois pas à m'en vouloir pour ça. Je ferai en sorte que ça ne m'arrive plus jamais. Je m'aime. Je suis désolée pour ce qui est arrivé, mais je m'aime et je ferai tout ce que je peux pour me protéger.

En sortant de la consultation chez le psy, je dois avouer ne pas pouvoir ouvrir les yeux, tellement ils sont gonflés de larmes. Cette situation où je me suis imaginée avec moi, ça m'a libéré. Pour de vrai. Si un jour tu te retrouves dans une situation où tu as toi-même besoin d'entendre ces mots, sache que tu peux te les dire et que tu n'as pas besoin d'attendre que quelqu'un t'apporte ce réconfort. Tu peux te le procurer. Si un jour, tu rencontres quelqu'un qui a vécu ça, tu peux aussi lui apporter ton soutien. Ça peut se manifester au travers d'une présence, d'une épaule pour pleurer, d'une oreille pour écouter. Parfois, il n'est pas nécessaire de répondre quoi que ce soit. Le silence est aussi réparateur. La présence du cœur n'a pas de prix, et laisser celui qui est meurtri s'épancher s'avère tout aussi fort qu'une thérapie.

Prenons soin de nous.

La parenthèse sordide s'achève ainsi, on revient sur les bancs de l'école !

*

Il s'en est passé des choses, par la suite. Du flou de mes souvenirs, je garde intact le nom de chacune de mes maîtresses d'école, et au moins un moment dans leur classe !

MADAME WENDY

Je me souviens de Mme Wendy, en CP. Pour rire, j'avais reculé la chaise de Geoffrey pendant qu'il s'asseyait, mais le poids de son cartable avait tout renversé. Résultat, le pied de sa chaise a râpé tout son dos ! J'ai dû l'accompagner chez la directrice, qui m'a passé un sacré savon avant de nous envoyer à l'infirmerie. *(C'était même pas une méchante bêtise, pfff)*. Cette Mme Wendy avait aussi convoqué mes parents sous prétexte que je bavardais trop en classe, leur disant que ça finirait par me causer des problèmes ! *Possible, mais si je n'étais pas aussi bavarde, je n'aurais pas pu écrire ce livre. Alors, bavarder, c'est pas forcément un problème ;)*

MADAME MICHÈLE

Mme Michèle, c'était ma maîtresse en CE1 et CE2. Avec elle, j'ai encore plus de souvenirs !

Il y a cette fois où je me suis pris une pile de cahiers sur la tête ! *(l'arme de prédilection des enseignants, apparemment)* parce que je n'avais pas compris dans quel sens utiliser une feuille à carreaux. Je me souviens aussi de la fois où elle avait fait lever toute la classe, sauf Émilie, la petite nouvelle, en attendant que celui ou celle qui avait laissé une trace de stylo sur la table de devant se dénonce *(désolée, Warren, c'était moi)*, ou du jour où elle avait rapporté à ma grand-mère que j'avais lancé un caillou sur Olivier après l'avoir prévenu de ne pas me courir après parce que je ne voulais pas qu'il m'embrasse *(et qu'il avait quand même essayé !)*. D'ailleurs, aujourd'hui, ça s'apparenterait à une agression sexuelle, non ?

Mme Michèle, elle aussi, avait convoqué mes parents à cause de mes bavardages : « Ça va être problématique pour la suite. » *Hum, hum !*

MADAME MARIA

L'année suivante, en CM1, j'ai eu Mme Maria, *alias*… mamie Ho ! Pas facile d'avoir sa grand-mère comme maîtresse ! Avec tout l'amour que je lui porte, elle se montrait bien plus sévère avec moi qu'avec les autres, sans compter qu'elle rapportait tout à mes parents. Quand je faisais une bêtise, je me faisais gronder trois fois : d'abord par mamie, ensuite par maman et enfin par papa. Autant dire que je n'avais pas beaucoup de marge de manœuvre !

Le jour de la rentrée, toute fière, je lui avais lancé : « Bonjour mamie ! ». Elle m'avait reprise sèchement : « Qui ça ? Ici, je ne suis la grand-mère de personne ! » « Bonjour Madame », avais-je rectifié, tête baissée.

Ce qui ne m'empêchait pas, bien entendu, d'être une vraie chipie !

Lorsqu'elle nous avait appris que certains noms d'oiseau, du style « vieille chouette », n'étaient pas très gentils, je m'en suis donné à cœur joie avec mes camarades, croyant bénéficier d'une sorte d'immunité en tant que petite-fille de la maîtresse ! *(Ah, tu parles ! Immunité : 0 !)* Elle a dit à ceux que j'avais blessés de ne pas hésiter à me rendre la pareille ! Pfff !

Heureusement pour moi, j'avais développé une forme de sournoiserie qui m'a souvent sauvé la mise. Un jour que j'en voulais à ma voisine pour je ne sais plus quoi, j'ai discrètement poussé sa gomme pour la faire tomber. Lorsqu'elle s'est baissée pour la récupérer, je me suis débrouillée pour qu'elle se cogne la tête à mon coude. Furieuse, elle s'est mise à me boxer le bras… et s'est retrouvée dans le bureau de la directrice. J'étais ra-vie. J'avais mal au bras, mais j'étais ravie quand même ! *Vraiment, je peux être une vraie peste parfois !*

MADAME BRIGITTE

Encore une coriace ! Je me rappelle le jour où, parce que j'avais traîné pour sortir en récréation, Mme Brigitte m'a fait recopier trois fois une liste interminable de mots invariables. Sur le coup, j'ai eu l'impression que ça n'en finirait jamais ! La même année, quand son fils a fait la même chose, il n'a écopé que d'un avertissement. Était-ce du favoritisme ? Ou s'était-elle rendu compte qu'elle s'était montrée trop sévère avec moi ? Nous ne le saurons jamais !

Cette année-là, je me rappelle aussi avoir eu une passionnante conversation avec un camarade, qui m'expliquait avoir un cousin en cinquième. La cinquième ? Qu'est-ce que c'est que ça ? À l'époque, je pensais encore que l'école se terminait après le CM2… Je n'avais pas compris que l'école primaire n'était que le début, et qu'il me restait encore de nombreuses années avant de devenir une adulte responsable ! *(Grave erreur !)*

*

L'éducation à la locale

L'année suivante, je faisais ma rentrée en sixième au collège-lycée La Mennais, à Pape'ete. Enfin ma rentrée, c'est beaucoup dire. Le jour J, j'ai eu la varicelle ! Je me suis donc vu imposer une semaine de « vacances » supplémentaires, et j'ai loupé la transition entre la primaire et le collège. Imagine le choc : non seulement je passais de la classe des grands à celle des petits, mais je découvrais un tout nouvel environnement. Je n'étais plus la petite-fille de la maîtresse, je n'étais plus entourée de mes camarades de toujours. Et surtout, je n'avais pas les codes pour affronter ce grand changement. Je ne comprenais pas pourquoi c'était important de faire attention à ses cheveux, à ses vêtements, jusqu'aux chaussures, qu'il fallait entretenir.

Quand j'étais chez papa – ou plutôt chez mes grands-parents paternels, papi Cha et mamie Cha –, tout le monde me traitait comme une petite princesse ! En tant que première petite-fille, j'étais pourrie gâtée et j'avais tendance à me comporter comme une vraie peste.

Lors d'un voyage à Los Angeles avec mes grands-parents et des cousins, j'ai poussé le bouchon un peu trop loin. Un soir, j'ai tellement hurlé pour éviter d'aller à la douche que papi m'a attrapée par le bras et m'a mise à la porte de la chambre, en culotte ! Il a fallu que j'arrête de pleurer et que je m'excuse pour qu'il m'autorise à rentrer. Quand j'ai enfin pu regagner la chambre, j'ai vu du coin de l'œil mes cousins en train de ricaner. Si, si, je m'en souviens parfaitement ! Teva et Rotine, je vous revois cacher vos têtes pour glousser, bande de petits malins, va ! Ça m'avait bien calmée, il faut avouer. Et avec le recul, c'était bien complètement mérité.

Puis, un jour, avec papa et sa compagne, on a déménagé dans une maison à nous, où j'avais ma chambre avec un bureau pour faire mes devoirs. C'est là qu'ils m'ont transmis l'éducation qu'ils avaient eux-mêmes reçue, loin de la liberté que j'avais avec mes grands-parents.

Les vacances étaient consacrées à l'entretien de la maison et à l'apprentissage de la vie en autonomie. J'avais d'ailleurs une liste de tâches bien précises accrochée au frigo par un aimant :

LUNDI : passer le balai, la serpillière dans toute la maison et plier le linge qui est sur le fil ;
MARDI : nettoyer toutes les vitres de la maison ;
MERCREDI : changer les draps, les tapis, lancer la machine et étendre le linge ;
JEUDI : arroser les plantes, nettoyer la terrasse, ranger la maison ;
VENDREDI : une autre tâche ménagère imposée ;
WEEK-END : en famille, on fait ce qu'on veut.

Avec maman, c'était un peu différent. On a d'abord emménagé à Puna'auia (à une dizaine de kilomètres de Pape'ete), dans un studio de 30 m^2, à quatre, avec le compagnon de maman et son fils – mon nouveau grand frère ! Les parents avaient aménagé leur chambre sur la terrasse, et mon frère et moi dormions dans la pièce principale, qui faisait aussi office de cuisine, de salle à manger et de salon. D'ailleurs, puisqu'on était dans le salon et que les adultes laissaient la télé allumée, certains soirs, je faisais semblant de dormir en plissant les yeux pour regarder *Le Plus Grand Cabaret du monde* !

À cette époque-là, on utilisait la Golf TDI 1988 de mon beau-père. Comme on se levait super tôt pour aller à l'école (genre 4 heures du matin, pour éviter les bouchons), on finissait notre nuit dans la voiture. Mon frère allongé sur la banquette arrière, et moi sur la plage arrière, au-dessus du coffre ! On s'arrêtait dans une boulangerie pour prendre un croissant ou un pain au chocolat, et on petit déjeunait face à la mer, avant de faire notre toilette dans le port de Pape'ete (Motu Uta).

La toilette

L'hygiène occupe une place importante dans notre quotidien. Le matin, on se décrasse de la transpiration de la nuit avec une petite douche ou une toilette sommaire, et on prend une « vraie » douche le soir. Le climat étant bien plus chaud, lourd et humide qu'en métropole, on a tendance à transpirer, et il faut changer de vêtement tous les jours. On apprend également aux petites filles – je ne sais pas si les garçons le font aussi –, à laver leur culotte de la journée et à la mettre à sécher à côté de sa serviette. Oui, tous les soirs.

Alors on a du mal à concevoir que certaines personnes ne prennent pas deux douches dans la journée... Et encore moins une seule ! Et alors, une douche quelquefois, par-ci, par là, wowowo ! En métropole, j'ai aussi fait le constat que certains choisissent entre la douche du matin et la douche du soir ! Déjà, pourquoi choisir ? Le soir, après ta douche, tu dors tellement bien, décrassé de toute la saleté de la journée. Tu te glisses dans des draps propres et doux, c'est l'une des meilleures sensations du moooonde ! Et je ne te parle pas du choc quand je suis arrivée en métropole et que j'ai découvert le parfum du métro ! Eh ! EEEH ! VOUS VOULEZ MA MORT ?

Tu prends juste ta douche le matin pour te réveiller et enlever la saleté de la veille et de la nuit ? Je ne pourrai pas ! Haha ! Oui ! Je juge ! Mais j'ai une licence en droit, éco et gestion ! Il y a du droit dans mon diplôme, alors je peux ! héhé.

Un matin, j'avais sans doute grandi *(ou bien mangé trop de pains au chocolat, va savoir)*, la plage arrière a cédé sous mon poids et je suis tombée dans le coffre ! *J'ai eu une de ces peurs... Tu vois ? Ça m'a marquée fort fort fort !* Tout le monde a été surpris ! L'espace d'un instant, tout a semblé figé. À mon cri de terreur, les parents ont jeté un regard effrayé en arrière, et ils ont fini par éclater de rire, alors que j'étais terrifiée ! Terrifiée, et vexée comme un pou. Mon ego en a pris un coup !

Plus tard, maman et tonton (à Tahiti, on appelle souvent « tonton » et « tatie » les amis de nos parents, même quand il n'y a pas de lien de parenté. J'appelle donc mon beau-père tonton et ma belle-mère, tatie) ont pu investir, et on a quitté le studio de Puna'auia pour emménager dans une maison avec trois chambres à Faa'a, plus près de Pape'ete. *Donc plus de dodo dans la voiture en perspective ! Formidable !*

Chez maman, ça filait droit. De toute façon, je n'avais pas trop le choix, puisqu'elle se promenait presque tout le temps avec sa cuillère en bois, pour me rappeler la direction à suivre. En cas d'oubli, sa main légère était là pour ramener sur le droit chemin. Droit, comme la cuillère était déformée à force de me redresser.

À Faa'a, je n'avais pas de liste de tâches imposées, si ce n'est les maudits cahiers de vacances qu'elle ne manquait jamais de m'« offrir » ! Quelle horrible invention ! Interdiction de m'amuser tant que je n'avais pas fini mes devoirs du jour ! SU-PER ! Pour moi qui n'avais aucun attrait pour l'école, c'était un vrai supplice.

*

Pour rappel, voici ce qu'était la base de l'éducation : le matin, tu te réveilles, tu fais ton lit, puis ta toilette, tu prends ton petit déjeuner et tu files à l'école. Au retour, tu balaies la cour et la maison, et tu prépares le dîner. Hors période scolaire, tu es de corvée de balai dès le matin.

Les valeurs transmises par l'éducation à la locale sont :

- *L'inclusion à la vie familiale au travers des tâches ménagères comme faire le ménage ou apprendre à faire à manger.*
- *La gestion d'un foyer et s'occuper des plus petits pour leur transmettre ce qu'on nous a appris.*
- *Le respect des aînés en toutes circonstances, même ceux qui ne sont pas de la même famille. On ne répond pas aux aînés. On écoute et on va* ‘AMU ‘AMU[6] *ailleurs en silence.*
- *L'hygiène !*

6. 'amu ‘amu : pester

L'insertion des tâches ménagères est progressive. On commence par mettre le couvert et débarrasser. Ensuite, on apprend à laver la vaisselle. Petit à petit, on ajoute des tâches telles que préparer à manger, en commençant par le riz, les pâtes – des choses simples. Progressivement, on apprend à gérer tout ce qui relève de la cuisine. En parallèle, on doit passer un coup de balai dans la maison, la serpillière, plier le linge, nettoyer nos vêtements et les étendre, les repriser quand c'est nécessaire (même si ça, je ne le faisais jamais), ratisser la cour quand papa passait la tondeuse, etc.

J'ai eu la chance d'avoir un papi et une mamie qui aimaient cultiver la terre et ont transmis ce goût à tous leurs petits-enfants. Ce sont papi Ho et mamie Ho, les parents de maman, qui m'ont appris à gérer le jardin. Je détestais avoir les mains sales, mais chez eux, ce n'était pas un sujet. Tout le monde passait la matinée dans la cour, à planter, désherber, nettoyer, ratisser… tout était bon pour faire de nous de bons petits agriculteurs ! Ensuite, on allait faire nos devoirs. Déformation professionnelle, sans doute ! *(Oui, parce que n'oublie pas, mamie Ho, c'était ma maîtresse !)* Je me souviens d'un soir, l'année du CM1, où j'ai prétendu à mamie que je n'avais pas de devoirs… Elle m'a répondu : « Pardon ? », et je me suis souvenue que la maîtresse, c'était elle ! Je ne pouvais même pas faire semblant, sapristi ! Et l'apprentissage du mensonge dans la construction identitaire ? Laissez-moi donc vivre !

J'ai certainement oublié la plupart des choses que mes grands-parents m'ont enseignées, mais les quelques souvenirs que j'en garde sont encore verts et frais. Ils m'inspirent sagesse et sérénité, comme la fois où, après une dispute avec ma cousine, mamie nous a fait planter le « coco de la paix », qu'on récolterait quand on serait plus grandes.

L'arbre a donné des cocos et on en a bu un chacune ! Et, oui, on peut boire les cocos, ces noix qui, juvéniles, ont une chair tendre et une eau délicieuse à l'intérieur ! Et surtout, on dit UN coco, UNE noix de coco !

L'eau de coco

Devine quel autre usage quotidien on peut aussi faire du COCO... **En vrai, c'est super dur à deviner, alors je vais te le dire ! On l'utilisait pour faire des tatouages ! Oui, oui !** *Comment ça se passe ?*

D'abord, on fabrique de la teinture noire, avec de la noix de TI'A'IRI[7] qu'on brûle dans un récipient fait de roche volcanique. La suie est récupérée et mélangée avec de l'eau de coco pour faire l'encre de tatouage. Stérile, l'eau est utilisée pour se désaltérer ou encore pour nettoyer des plaies lors de rituels sur des MARAE. Dans les TĀTAU, les tatouages traditionnels, chaque motif, chaque emplacement a une symbolique spécifique liée à la famille, au statut, à la spiritualité ou aux rites de passage – à l'image du personnage de Māui, dans le film Vaiana, *qui porte la trace de chacun de ses exploits gravée sur sa peau. Les tatouages peuvent aussi jouer le rôle d'amulettes, afin de se protéger des mauvais esprits et des dangers. Il n'est pas rare de croiser quelqu'un avec les oreilles tatouées, pour que les VĀRUA[8] ne puissent pas le manipuler. Au passage, rappelons que les VĀRUA peuvent être bons ou mauvais : les esprits errants ne sont pas seulement méchants ! Et que sans VĀRUA, les corps dépourvus d'âme deviennent des TŪPĀPA'U, des zombies ! Ce sont des histoires de TŪPĀPA'U qu'on se raconte le soir au coin du feu pour faire des tests de courage ! Mais ça, c'est une autre histoire.*

Pour revenir aux tatouages, une réaction chimique se produit sous la peau, qui change le noir en bleu ! C'est ainsi que les Polynésiens ont été surnommés le peuple bleu. **Ça ne te rappelle rien ? Un peuple bleu, qui vit en harmonie avec la nature ? Qui respecte la vie et les coutumes pour prospérer, jusqu'à ce que des capitalistes arrivent pour piller tout ce qu'il y a à piller ?**

Indice supplémentaire : E UA, en tahitien, ça veut dire : « il pleut ». Où as-tu déjà entendu la phonétique [é oua] ?

Quelle histoire, dis donc !

7. Noix de bancoulier.
8. Esprits.

Mon adolescence

Voilà maintenant des années que mes parents sont séparés. Une semaine sur deux, le vendredi, je change de parents, de maison, de vêtements, d'éducation même !

Tantôt je vais à l'école avec de beaux vêtements, apprêtée et coiffée avec l'aide de tatie, tantôt habillée avec ce que je trouve dans la pile de linge propre. Il m'est arrivé d'aller au collège vêtue d'un vieux tee-shirt et du short de surf de mon grand frère, avec aux pieds les savates qui traînaient devant l'entrée *(oui, chez nous, on se déchausse avant d'entrer dans la maison. D'ailleurs, je ne comprends pas les gens qui acceptent les chaussures à l'intérieur ! Je veux dire, on marche dehors, on ramasse toute la crasse et on la ramène chez nous ? Beurrrrk !)*, les cheveux même pas peignés. *Après, pour l'effet que ça fait quand ils sont peignés, autant ne pas se fatiguer.*

Tout ça parce que, je ne le savais pas encore, j'ai les cheveux bouclés ! Comment ai-je pu ignorer ça si longtemps ? C'est bien simple : dans notre éducation, on nous oblige aussi à nous peigner et à tresser nos cheveux tous les matins ! Pour éviter les poux, j'imagine. Toujours est-il que, pour cette raison, j'ai découvert très tard que j'avais les cheveux bouclés. Il faut aussi avouer que, concernant mon apparence, mon sens de l'observation n'était pas des plus développés…

J'ai toujours cru que ma nature de cheveux était *PUKARARA* : ébouriffés ! Mousseux, en somme. Depuis, j'ai appris à gérer mes cheveux bouclés, alors pour te faire gagner du temps, permets-moi de t'expliquer.

Comment entretenir des cheveux bouclés ?

En réalité, ce n'est pas si compliqué. La première règle est qu'il ne faut pas se laver les cheveux trop souvent ! Une fois par semaine, ça suffit. Si on fait du sport, il faut juste les rincer à l'eau claire et appliquer un masque pour les démêler et les nourrir en même temps.

Utilise une brosse type Tanggled Up pour les peigner sans les abîmer, de la pointe à la racine, puis laisse-les sécher à l'air libre ou sèche-les avec un diffuseur. Tu peux aussi ajouter une gelée spéciale boucles et « scruncher » : la tête en bas, saisis une poignée de cheveux et presse légèrement.

Astuce de radin, les lubrifiants aqueux (type Durex) sont tout aussi efficaces que des gelées bien plus chères ! Vu sur TikTok, testé et approuvé !

J'ai mis du temps à apprendre tout ça, j'ai donc vécu mes années de collège avec une tête, disons, très approximative. *Faut-il vraiment préciser ? Bref !*

Tout naturellement, j'ai vite compris qu'au collège, il existait différentes classes sociales, et que je ne faisais pas partie des personnes populaires.

Pour preuve, cette petite expérience sociale vécue en cours d'histoire-géo, en classe de quatrième. Avec une camarade, nous avions eu la brillante idée de laisser des traces de main sur le tableau noir. Mécontent, le prof, M. Cottenot, a alors demandé aux coupables de se dénoncer. Cette bêtise n'en étant pas vraiment une, nous avons rapidement avoué notre « forfait ». Par la suite, il nous a demandé d'essuyer le tableau avec une éponge. Mon côté maniaque, hérité de mon père, m'a poussée à essuyer le tableau méthodiquement, en rinçant régulièrement l'éponge pour laisser le minimum de traces, tandis que ma camarade s'est contentée du minimum syndical. Puis le prof nous a demandé de voter pour savoir qui avait le mieux essuyé le tableau. C'est elle qui a remporté tous les suffrages à l'unanimité (y compris le mien). Pourtant, de manière tout à fait objective, mon côté était largement plus propre ! *(merci papa)*

C'est assez représentatif de ce que j'ai vécu pendant mes années de collèges et de lycée. J'étais la bigleuse, avec son appareil dentaire, effacée et mal fagotée, incapable de faire face aux attentes des autres. Heureusement, il y avait les livres. Eux ne me jugeaient pas, et c'était beaucoup plus simple pour moi de trouver refuge à la bibliothèque plutôt que d'avoir à affronter les interactions sociales.

Pour être totalement honnête, je n'avais aucun mal à être seule et à me réfugier dans un monde fantastique. J'avoue qu'il est particulièrement plaisant de voir l'héroïne vaincre et l'antagoniste perdre ! Dans mon quotidien d'élève, c'était la dose de bonheur que je cherchais pour pallier la monotonie de mes journées. Changeant chaque semaine de foyer, devant chaque vendredi revêtir un masque différent pour mon père et ma mère, le plaisir que m'offraient mes lectures restait invariable.

C'est à partir du lycée que les choses ont évolué. J'avais un groupe d'amis, qui s'était naturellement formé sous le 'AUTERA'A[9]. En seconde, j'ai découvert la joie d'avoir des copains que je retrouvais pendant la pause. C'est aussi à ce moment-là que j'ai commencé à fréquenter des garçons. Soyons clairs, en seconde, je n'avais encore aucune vraie notion de ce qu'étaient les relations entre un garçon et une fille, alors il s'agissait principalement de se retrouver pour aller au cinéma, se rouler des pelles et se prendre un râteau les semaines suivantes. Très passable, comme expérience, tout comme mon niveau scolaire, d'ailleurs. Il se trouve qu'en classe de première, le nombre d'élèves était tel que je n'ai pas eu le choix : au lieu de la filière communication, que j'avais choisie, je me suis retrouvée en gestion, que j'exècre. *Alors que bon, en primaire, mes maîtresses avaient déjà prévenu mes parents que la communication, c'était quand même mon point fort !*

9. Un arbre fruitier à coque.

Mes notes, déjà très moyennes, n'ont fait que dégringoler, et le coefficient 7 en gestion a eu raison de mon bulletin, qui culminait au mieux à 9,5/20. Finalement, lorsque l'administration a compris que cette matière n'était pas faite pour moi et m'a mise dans la filière demandée, ma moyenne a grimpé à 13, et je suis redevenue, sans efforts particuliers, une élève moyenne !

Quoi qu'il en soit, c'est avec la mention assez bien que j'ai obtenu mon baccalauréat technologique, ce sans pouvoir passer l'épreuve de sport, qui aurait probablement remonté ma note de quelques points bienvenus.

Sans le sport ? Mais pourquoi, me demanderas-tu ? Laisse-moi te raconter l'histoire depuis le début. Les semaines où j'étais chez ma mère (dont la ponctualité n'est pas la première qualité), lasse des sempiternelles remarques sur mes retards, j'ai décidé de me rendre au lycée à vélo. C'était en 2011. De Faa'a à Pape'ete, il doit y avoir à peu près 3 km. Le matin, je partais de la maison à 6 h 15, ce qui me faisait arriver autour de 6 h 40 chez mamie Cha, où je prenais une douche et un petit déj et hop, direction l'école qui commençait à 7 h 15 ! *(Merci, tatie Karla, de m'avoir déposée à chaque fois que j'en ai eu besoin héhé)*

Un mercredi, en rentrant à la maison, alors que j'étais sur une pente descendante, une voiture a reculé et mon genou a percuté sa portière arrière. Après avoir repris mes esprits, sous mon vélo, un peu dans les vappes, j'ai appelé maman :

– Maman, t'inquiète pas, tout va bien, j'ai juste eu un accident, je peux pas rentrer tout de suite.

Alarmée, elle s'est précipitée sur les lieux et m'a aussitôt conduite aux urgences, où on a pu constater les dégâts – une rupture des ligaments croisés. À force de consultations chez le kiné, j'ai pu muscler la zone concernée, mais pas suffisamment pour éviter l'opération, qui a finalement eu lieu en 2012, pendant les vacances d'été *(Coucou Dr David)*.

Après ça, il a fallu m'hospitaliser une semaine, plus trois semaines au centre de rééducation Te Tiare. Un mois complet, au cours duquel, à chaque visite, ma famille m'apportait des douceurs pour me remonter le moral. Des biscuits, des gâteaux, du jus, toutes ces petites choses sucrées dont je raffolais, et que je savourais sans pouvoir les éliminer, étant immobilisée. Mon corps s'est empâté, mon visage a changé ; j'ai commencé à moins aimer ce que je voyais dans le miroir. En l'espace d'un mois, j'avais pris pas mal de poids, même si j'ignorais combien, puisqu'à l'époque, je ne me pesais jamais.

Ne rentrant plus dans mes vêtements et n'ayant pas les moyens d'en acheter de nouveaux, il m'a fallu me reprendre en main. D'autant plus que le regard des garçons, si longtemps sans grande importance, commençait à se faire une place dans mes préoccupations.

**ferme le robinet* Oui, ferme le robinet ! On a cette conversation-là depuis la douche ! Je suis bavarde, t'as vu ? Elles avaient raison, mes maîtresses ! Pour une fois ! *bruit de serviette* *bruit de vêtements qu'on enfile* et me voici en pyjama ! Prêt pour continuer la soirée ? On a encore beaucoup de choses à dire ! Tiens, ça me rappelle mon professeur, M. Cottenot – encore lui – qui, quand j'étais en sixième, avait dit : « Vaimalama, on pourrait la mettre à côté d'un meuble, le meuble commencerait à parler. » Il y a des phrases qui vous marquent, dis donc ! Ça, et l'avertissement disciplinaire pour cause de bavardage qui s'est ensuivi ! Aaaaaah, encore à penser à autre chose ! Revenons à nos moutons.*

Et j'ai perdu du poids ! Pas de la bonne façon, puisque je n'avais pas encore compris que pour que ça fonctionne vraiment, il ne faut pas manger moins, mais manger mieux. Et comme on me l'a souvent demandé, voici ma réponse à la question.

Et le poids dans tout ça ?

C'était vraiment LA question qui revenait tout le temps me concernant : le poids ! On n'arrêtait pas de me casser les pieds, comme si notre poids définissait qui on est. Comme si c'était un défaut ou une qualité, une part de notre personnalité. Ou que notre poids déterminait notre valeur auprès des autres !

Petit rappel qui me semble essentiel : ce n'est pas notre poids, nos vêtements, la marque de notre sac à main ou de notre voiture qui va déterminer notre valeur ou notre personnalité. C'est ce qu'on a au fond du cœur ! Ça fait très gnangnan, j'en suis bien consciente, mais quand on est sûr de soi, quand on est fier de soi, alors on commence à s'apprécier. On a plus de force pour s'affranchir de ce que les autres attendent de nous. D'ailleurs, plus le temps passe, plus on s'accorde de valeur à soi, au lieu d'en accorder trop aux autres. Alors, pour le moment, si tu n'y arrives pas, commence par faire semblant. Quand tu fais semblant, tu t'autopersuades et tu finis par y croire ! Au fur et à mesure, ça deviendra plus naturel, comme une certitude qui se développera avec le temps. Commence par prendre soin de toi, valorise-toi par des mots, des gestes, des attentions, fais des choses dont tu es fier, pour toi. Des choses qui te plaisent à toi, pas aux autres !

« Si tu vis pour plaire aux autres,
tout le monde t'aimera, sauf toi-même. »
Paulo Coelho

Bien que je ne sois pas en accord avec l'injonction sociale de la minceur, il est important que chacun comprenne comment fonctionnent le métabolisme de base et les calories. Tout ça, c'est de la physique, de la logique. À l'époque, je n'y comprenais rien, alors j'espère que tu t'en sortiras mieux que moi. Le métabolisme, c'est la quantité de calories que ton corps va brûler en une journée, au repos, sans que tu fasses quoi que ce soit. Les calories, c'est l'énergie dont notre corps a besoin pour fonctionner.

Voici un exemple de métabolisme

On table sur un métabolisme à 1 000 kcal pour faciliter la compréhension, mais une femme consomme en moyenne au total près de 2 500 kcal/j et un homme 3 000 kcal/j, grosso modo, donc reprenons sur avec l'exemple simplifié.

Disons que ton corps va consommer 1 000 calories (ou kilocalories, plus exactement) au cours de la journée, juste pour fonctionner, respirer, réfléchir, se mouvoir, etc. C'est ce qu'on appelle le métabolisme basal : la quantité d'énergie dont l'organisme a besoin pour survivre au repos.

À cette dépense de fonctionnement de base, on ajoute la dépense calorique d'une activité sportive, par exemple 500 kcal dépensées lors d'une séance de sport.

Si le métabolisme basal = 1000 kcal

Activité sportive = 500 kcal

Total dépensé dans la journée : 1500 kcal

Quand on mange, on apporte des calories (de l'énergie) à notre corps. Cet apport est divisé en trois grandes parties appelées les « macronutriments » : les glucides (les sucres), les lipides (le gras) et les protéines. Chacun des macronutriments a une fonction bien spécifique ! C'est ce qu'on appelle l'« apport calorique ».

En fonction du résultat que tu veux obtenir, il faudra adapter ton apport calorique :

Pour prendre du poids, il faut consommer plus de 1500 kcal.	*> 1500 kcal*
Pour stabiliser ton poids, il faudra rester à 1500 kcal.	*= 1500 kcal*
Pour perdre du poids, il faudra en manger moins !	*< 1500 kcal*

Maintenant, il faut aussi prendre en considération la nature des nutriments que tu apportes.

Toujours sur l'exemple du métabolisme de base à 1000, en théorie, tu peux perdre du poids en mangeant 800 calories de burgers, frites et cookies, mais les nutriments seront surtout des lipides et des glucides. Or, pour bâtir une silhouette athlétique, il faut un apport nutritionnel qui va t'aider à construire du muscle. C'est pourquoi il est important de favoriser les protéines et les glucides complets, comme les pâtes complètes ou le quinoa, et limiter le gras, même s'il est bon, comme celui des avocats ou des produits riches en oméga-3. Oui, même s'il est bon ! Parce que même du bon gras, ça reste du gras et l'apport calorique du gras en poids est très important, donc à quantifier en fonction de tes projets !
Tout est une question d'équilibre. Par ailleurs, plus un aliment est transformé, plus le corps peinera à l'assimiler.

Et enfin, pour perdre 1 kg de gras, il faut éliminer 8 000 calories. Bien sûr, tu peux passer 8 jours sans rien manger, et tu pourras éliminer 1 kg de gras, mais tu mettras en péril le fonctionnement de ton corps, qui s'empressera de stocker tout ce que tu lui donneras par la suite.

LES CREVETTES AU CURRY DE MANOUA

Pour 2/3 personnes
Apport de 850 calories

Ingrédients :

- 350 g de crevettes
- 100 cl de lait de coco
- 100 cl de pulpe de tomate
- curry
- 2 poireaux
- 1 oignon
- 3 carottes
- 160 g de riz basmati cru

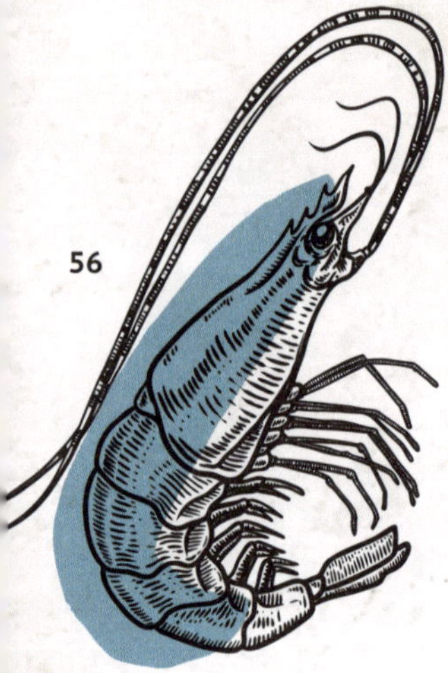

Préparation :

- Nettoie les poireaux, cisèle-les et mets-les de côté.
- Cisèle l'oignon, ajoute-le aux poireaux.
- Coupe les carottes en petits morceaux.
- Décortique les crevettes.
- Cuis le riz – comme on aime, bien gluant.
- Dans une casserole, fais revenir les poireaux et l'oignon. Une fois qu'ils sont translucides, ajoute les carottes, les crevettes, le lait de coco et la cuillère à café de curry. Laisse mijoter.
- Quand le riz est prêt, ajoute le mélange de crevettes, et mange le tout bien chaud !

TĀMĀ'A MAITA'I

J'ai appris *– très récemment –* que pour perdre du poids, il faut manger ! Ça a l'air paradoxal dit comme ça, mais finalement, c'est logique : si tu ne mets pas d'essence dans ta voiture, elle ne peut pas avancer, ça va finir par abîmer la mécanique et casser ton moteur ! Alors, voici la recette que j'ai apprise avec Manoua, ma copine de chez Picoré (qui me concoctait des repas sur mesure pour être au top pour mon concours de Miss Fitness), pour me faire plaisir sainement.

Pour moi, le régime qui a le mieux fonctionné, c'est quand j'ai quitté mon premier amour. Tu sais, celui avec lequel tu commences à te sentir tout chose, où tes pensées sont constamment happées par cette personne, que tu souris sans même savoir pourquoi !

Je te spoile un peu, mais au moins, comme ça, t'as pas à angoisser pour la fin, tu la connais déjà ! Alors, vas-y, viens, installe-toi bien, que je te parle d'un sujet qui me passionne : l'amour.

L’AMOUR

Pour raconter l'amour, je ne peux que partager les exemples que j'ai eus autour de moi dans ma vie : mes parents. À l'aube de mon existence, mes parents se sont aimés passionnément. Mais la passion, c'est comme un feu de paille, ça consume tout sur son passage et, une fois que tout a été brûlé, plus rien ne subsiste. C'est sur un amour passionnel que mes parents se sont séparés pour poursuivre chacun leur chemin.

D'un côté, il y a ma mère, une femme de caractère, c'est le moins qu'on puisse dire ! Qui a de la voix et n'hésite pas à s'en servir pour se faire entendre. Et Dieu, qu'elle se fait entendre ! À chaque fois que ça lui chante. Tôt le matin ou tard le soir, dès qu'elle en ressent le besoin. Son amour, elle le donne par sa cuisine, généreuse et délicieuse ! Ses désaccords envers moi, par la cuillère en bois, ou le ton qui s'élève fort et haut envers tonton. Rappelle-toi, hein ? Tonton, c'est son mari.

De l'autre, il y a mon père. Un homme avec un caractère moins fougueux et plus stable, très calme. Enfin, sauf lorsqu'il s'agit d'attendre. J'ai hérité de ce trait de caractère : ma patience est presque inexistante ! C'est un homme dévoué à ses femmes : la sienne, pour commencer, mais aussi ses filles et sa mère (mamie Cha). Lui, il donne son amour au travers de cadeaux. Je n'ai jamais manqué de rien avec papa, il m'a toujours gâtée ! Peut-être que c'est aussi pour ça que je suis une petite chipie !

La Polynésie est un système matriarcal

C'est la femme qui a le dernier mot, comme partout ailleurs, en réalité, mais chez nous, c'est reconnu publiquement. Les hommes sont la figure de proue du navire qu'est la relation et la première chose qu'on voit lorsque le couple arrive quelque part, tandis que la femme reste capitaine et navigue à la barre. Elle prend les décisions et guide le couple, puis la famille qu'ils créent, dans les eaux sinueuses d'un courant tropical.

D'ailleurs, quand je demande à un couple de longue date quel est le secret de leur longévité, j'entends souvent le mari répondre : « Quoi qu'elle dise, quoi qu'elle fasse, elle a raison. Une fois qu'on a compris ça et qu'on fait ce qu'elle dit, on est tranquille ! »

Si jamais tu avais besoin d'un *tip* pour savoir comment faire pour que ça aille mieux, apprends à dire : « Tu as raison » et : « Je m'excuse », et on est bon.

Le premier amour

Mon premier amoureux, je l'ai rencontré sur une pirogue, lors d'une journée de fête avec mes camarades de BTS. Ce jour-là, j'étais, me semble-t-il, vraiment belle, à en croire tous les regards que j'avais attirés. Sans que je m'en sois rendu compte, la puberté était passée, et mes traits de femme s'étaient révélés. À ce moment-là, je n'étais pas encore tout à fait à même de comprendre ce que ça impliquait. Je n'arrivais pas à trouver ma place dans la vie, pour la simple raison que je ne me l'étais pas encore faite, cette place.

Ne sachant rien des relations amoureuses ni même des techniques d'approche du genre opposé, je lui ai donné bien du fil à retordre, mais ses talents de conteur et son opiniâtreté ont eu raison de ma fierté, et nous avons commencé à nous fréquenter.

Ça a duré quatre ans, dont deux durant lesquels nous avons vécu ensemble. Autant dire qu'il a fallu faire passer la pilule à mes parents. *(Déjà, la rencontre, l'acceptation de la relation, c'était pas du gâteau, alors la vie commune avec mon copain, n'en parlons pas.)*

Attends, il fait chaud ce soir ! Je vais ouvrir les fenêtres, deux secondes !

Oui c'est bon, OK OK, je me recale bien dans mes coussins, un sous les jambes, un sur le ventre et la tête posée à même le matelas, j'aime trop dormir comme ça ! Comme ça ou comme une étoile de mer, ça dépend ! Allez, on reprend !

La rencontre !

Et puisque mes parents étaient séparés, il a fallu en organiser deux ! Avec maman, je ne sais plus trop comment ça s'est passé, mais son caractère brut de décoffrage a désamorcé pas mal de mes craintes : elle adore mettre les pieds dans le plat *(je dois avoir hérité ça d'elle, tiens !)* et ça a dû pas mal aider !

Avec papa, c'était différent, parce que la pudeur est une partie intrinsèque de notre personnalité. Nous ne montrons pas nos sentiments, pas même de manière légère ou en plaisantant. Nous avons plutôt tendance à cacher ce que nous pensons, à nous dévoiler le moins possible !

Je te raconte la rencontre avec papa ? Ça vaut le détour, mais si ça ne t'intéresse pas, tu peux sauter cette partie-là, à pieds joints !

Une autre journée pirogue avait été organisée par des amis, à laquelle nous avions été invités tous les deux. Pour nous y rendre, il a proposé de venir me chercher chez papa. Je ne sais pas comment ça se passait chez toi, mais chez moi, je devais avoir l'autorisation de mes parents pour sortir. Et chaque fois, je craignais qu'ils disent non. Alors chaque fois, je retardais le moment de leur demander la permission ! Cette fois-ci *(dingue, je suis en train de l'écrire des années plus tard, et je rougis encore en y repensant)*, j'ai annoncé le projet d'un : « Oh, j'ai une journée sur la pirogue, un copain va venir me chercher ici, et ensuite j'irai dormir avec mes copines *(la classique « je vais dormir avec mes copines », tu connais)* !

– C'est qui qui vient te chercher ?

– Ah ben c'est un copain !

– Et tu vas dormir où ?

– Avec d'autres copains, on s'est cotisés pour louer une chambre au Manava [un hôtel à Tahiti pour ceux qui ne connaissent pas].

– Et c'est qui ce copain ? Tu crois qu'on va te laisser aller là-bas alors qu'on ne sait pas avec qui tu y vas ? Tu lui dis de venir nous voir d'abord, on verra après.

– Ah, OK alors... (s'éclipse pour appeler le copain en question)

– Beeen mes parents veulent te voir, il faudra que tu descendes pour les rencontrer.

Et il est descendu ! Rien que d'y penser, je souris béatement. À revivre cette scène où il est entré, accueilli par le grand gabarit tatoué de mon papa, ma belle-mère à ses côtés, j'ai encore les genoux en coton ! Il s'est présenté poliment, tout en transpirant de tous les côtés – j'en ris encore ! Après une conversation qui a paru durer une éternité, nous avons pu aller faire la fête avec tous les copains, et c'est avec tous les copains qu'on a partagé la chambre. On devait être une quinzaine, pour seulement quatre couchages. En y repensant, c'est drôle… même si on a dormi sur la terrasse, à même le sol !

D'ailleurs, un jour, j'ai entendu quelqu'un dire : « Soit c'est une bonne idée, soit ça sera une bonne anecdote à raconter plus tard », et ce sont souvent les mauvais moments qui sont la source des meilleures anecdotes ! Je trouve cette affirmation particulièrement vraie ! Surtout là ! À faire dodo par terre !

Le temps passait, on s'entendait bien, malgré nos petites disputes d'amoureux. Pendant deux ans, on s'est fréquentés assidûment, en se voyant après les cours, chaque fois qu'on en avait l'occasion, tantôt chez mes parents, tantôt chez les siens. Il m'a appris beaucoup de choses, dont la patience – parce qu'il fallait être très patient avec moi. Il m'a aussi enseigné l'amour du sport, en m'initiant à la musculation. Et enfin, à ses côtés, j'ai eu un aperçu de ce qu'est la diplomatie ! *Je ne maîtrise pas la diplomatie, mais il m'a montré à quoi ça ressemblait, c'est très beau, j'aime bien !*

La vie à deux

Alors que j'avais validé mon BTS de négociation et relation client, et ma licence de droit éco et gestion, ma grand-mère m'a déclaré que si je souhaitais m'inscrire en master à l'université de Polynésie, elle s'offrait de payer les frais. Grâce à elle, notre relation a pu prendre un nouveau tournant. Mon copain avait un studio à lui, tout près de l'université, ce qui me donnait un argument de poids pour lui proposer de sauter le pas : vivre ensemble ! Ça faisait des économies d'essence, de temps de trajet, c'était moins galère à gérer, tu vois ? Pratique !

Là encore, j'avais besoin de la validation de mes parents, et plutôt deux fois qu'une.

Quand on grandit dans un schéma familial bien spécifique, on a du mal à se dire qu'il existe d'autres façons de faire, d'autres modèles de vie ou tout simplement d'autres options, pour la simple et bonne raison que ça ne nous est jamais venu à l'esprit. Si ça peut te sembler aberrant d'avoir à demander l'autorisation de tes parents pour pouvoir quitter le foyer, je rappelle que j'ai toujours vécu ainsi. J'ignorais que je pouvais leur imposer mes propres souhaits, simplement parce que je n'existais que par leur volonté. Toujours est-il qu'ils ont accepté ! C'est ainsi qu'on a vécu deux ans ensemble.

Lorsque tout allait bien, on filait le parfait amour, enfin, je crois ! En revanche, dès que quelque chose clochait, j'étais capable de ne pas décrocher un mot pendant des jours (pensant que c'était comme ça qu'on réglait les conflits) ou bien d'exploser, c'était tout ou rien. Il y a eu, comme dans toutes les relations du monde, des hauts et des bas. Je ne vais pas entrer dans les détails, hein ? Mais on a vécu de beaux jours.

Cependant, le temps passant et la routine faisant son œuvre, nous avons commencé à nous lasser l'un et l'autre de cette relation. Cohabitant comme deux inconnus qui ne faisaient que se croiser, nous n'arrivions plus à nous voir, à nous entendre, à nous sentir, et nous avons fini par nous éloigner.

Alors que notre relation battait de l'aile, c'est à travers les yeux d'un autre homme que j'ai redécouvert le plaisir d'être regardée. Je me suis à nouveau sentie désirée et, voyant l'autre chercher à me plaire, j'ai ressenti à mon tour le besoin de plaire. Et finalement, j'ai quitté l'amour pour la passion.

D'après les dessins animés et les contes de fées de mon enfance, l'Amour, c'est une évidence ! C'est un cœur qui bat plus vite, des papillons dans le ventre, « et ils vécurent heureux et eurent beaucoup d'enfants ». Mais ça, ça n'existe que dans les contes ! Et encore, ils ne nous disent pas tout ! Le prince charmant qui arrive sur son cheval blanc, cette attirance réciproque, le coup de foudre *(le coup de foudre existe, paraît-il, mais je ne l'ai jamais expérimenté)*, tout ça ne dure qu'un temps ! Il arrivera bien un moment où elle aura ses règles, où il laissera traîner ses chaussettes près du canapé ou de la vaisselle sale dans l'évier ! En vrai, au début, tu ne dis rien, parce que tu fais avec, mais il arrive un moment où on arrive à bout de patience. Et là, c'est le drame !

L'amour, en vrai

Il y a différents types d'amour. Et ces différents types évoluent avec nous, au fil du temps ! Il n'y a pas un jour où tout ça deviendra linéaire, parce qu'il y a énormément de choses à prendre en compte dans une relation. Pour commencer, il y a les individus, avec leur personnalité et leur histoire. Il faut considérer le passé de chacun, comprendre qu'il y a eu un avant et qu'il y aura aussi probablement un après.

Petit aparté pour raconter un truc vite fait ! On dit souvent que les relations étaient plus durables avant, tu vois ? Que ça se passait bien ? Qu'il n'était pas question de se séparer ou de divorcer ? Je remarque aujourd'hui que souvent, si un couple fonctionnait, c'est pour la simple raison que la place de la femme n'était pas la même : elle était soumise. En France, la femme n'a pu disposer de son salaire qu'à partir de 1907, de voter à partir de 1944, et ce n'est qu'en 1965 qu'elle a pu travailler sans l'accord de son mari et avoir un compte en banque à elle, s'émanciper !

Bien sûr qu'avant, elle était soumise, et pour cause : la loi ne lui permettait pas d'exister aussi librement que maintenant ! Alors si un jour tu te dis que c'était mieux avant, que l'amour était plus fort, sache ça a peut-être été le cas pour certains couples, mais que c'est surtout au détriment de leur bonheur que les femmes restaient. Par sécurité, par obligation, par norme sociale. Pas parce qu'elles avaient le choix.

Ce n'est pas ce qu'on va aborder ici. À ce jour, la loi, bien que lente, a fait des progrès spectaculaires en l'espace d'un siècle en ce qui concerne le droit des femmes. Alors nous n'allons pas développer davantage sur ce qui devrait être ou ce qui pourrait être. Parlons d'amour.

Les langages de l'amour

Avant toute chose, j'aimerais vous conseiller le livre *Les 5 langages de l'amour*, de Gary Chapman. Tout le monde devrait le connaître par cœur ! Personnellement, il m'a permis de résoudre pas mal de problèmes de cœur, car il simplifie beaucoup de sujets.

Si tu n'as pas envie de le lire, voici les deux points qui me semblent les plus essentiels :

- on donne à l'autre ce qu'on voudrait recevoir ;
- s'il y a différents types de carburants pour différents moteurs, il y a aussi différentes façons d'aimer et de recevoir de l'amour, en fonction des gens, et il faut leur donner l'amour dont ils ont besoin pour qu'ils se sentent aimés.

Les 5 langages de l'amour

1. LES PAROLES VALORISANTES : *pour les personnes qui ont besoin d'être encouragées dans leur quotidien, d'être valorisées. Elles se sentent aimées lorsqu'on leur dit des mots doux et des mots d'amour, et désaimées lorsqu'on les critique.*

2. LES MOMENTS DE QUALITÉ : *ça, c'est pour ceux qui n'ont pas besoin de parler, mais juste d'être avec la personne qu'ils affectionnent. Ici, il s'agit par exemple de se promener quelque part, de faire un pique-nique, d'aller à la plage, juste de prendre le temps de partager un moment ensemble. Pour eux, ne pas prendre le temps d'être avec l'autre est rédhibitoire.*
3. LES CADEAUX : *ceux-là aiment recevoir des attentions, qu'elles soient matérielles ou non. Recevoir les met en joie et ils ont aussi une grande tendance à offrir, justement, pour avoir en retour. Si on ne leur offre rien, ils se sentent abandonnés.*
4. LES SERVICES RENDUS : *moi, par exemple, je suis service rendu. J'aime quand on me facilite la vie et qu'on m'aide dans mon quotidien, en respectant par exemple mon besoin d'avoir une maison propre et bien rangée et en anticipant, que je n'aie pas à faire ci ou ça. Quand on n'anticipe pas mes besoins comme j'anticipe les besoins des autres, je ne me sens pas considérée et donc désaimée.*
5. LE TOUCHER : *pour eux, le contact physique prime sur tout. Ce sont des personnes qui vont avoir tendance à faire des câlins ou se promener main dans la main, faire des caresses ou simplement s'asseoir près de l'autre. Ils recherchent la chaleur de leur partenaire et ont besoin de celle-ci pour se sentir appréciés et valorisés.*

Il y en a un qui n'est pas cité dans le livre, mais il faut quand même que je l'indique. Pour les femmes, ce truc-là, si tu l'as, tu marques tous les points possibles. C'est *l'anticipation*, qui relève finalement de la considération ! Sur les réseaux sociaux, je suis tombée sur cette remarque particulièrement inspirante : anticiper, c'est ce qu'on attend des femmes. Faciliter la vie des autres, faire en sorte que tout se passe bien, rester affable et toujours de bonne composition. Ainsi, être une « bonne » femme, c'est faire en sorte que rien ne manque à chaque instant. Autrement, notre valeur en tant que femme en est amoindrie, et nous nous retrouvons pointées du doigt pour incompétence.

Qu'un homme n'anticipe pas, c'est considéré comme la norme. À l'inverse, pour une femme, l'incapacité à anticiper remet en question les fondements mêmes de notre identité. Est-ce que ça signifie que nous valons moins qu'eux ? Pourquoi est-ce toujours à nous de tout anticiper ? Ne peuvent-ils pas penser, eux aussi ? S'organiser sans que nous ayons besoin d'intervenir pour les aider ? Anticiper sans avoir à nous solliciter ? *Est-ce que je suis vraiment en train de m'énerver en pensant à ça ? J'en ai bien l'impression ! C'est terrible, faut que je me calme. Pense à quelque chose de tranquille, une rivière dans une montagne, respire, inspire, expire, inspire, expire, en carré, cinq secondes, respire, bloque, expire, bloque, voilààà, calme-toi !*

J'ai écrasé mon coussin sous mes jambes, à force de me crisper ! C'est qu'il serait temps de m'apaiser, dis donc ! Il fait nuit, là, c'est pas le moment de s'énerver ! L'amour, ça calme non ? L'amour...

Je suis amoureuse de l'amour ! Je m'en suis toujours fait une montagne. Mais encore une fois, les contes et légendes qui racontent l'amour sont très éloignés de la réalité !

Tout est romancé, comme si ça n'était que beau ! Mais c'est faux. L'« amour », ça peut prendre toutes les formes possibles. Ça peut être doux, ça peut être intense, comme ça peut être violent parfois, et justifié par des « oui, mais c'est parce que je l'aime ». Non, hein ? Te fais pas avoir ! L'amour, c'est pas ça ! L'une de mes copines a dit une fois que l'amour, c'est le contraire des papillons dans le ventre. C'est quelque chose qui t'apaise. C'est un sentiment de sérénité, dans lequel tu peux t'épanouir calmement. C'est beau, c'est calme. Je ne sais pas si elle a raison, mais sa manière de décrire la chose m'a particulièrement touchée.

*

Il y a différents types d'amour, mais il y a aussi plusieurs phases qui le caractérisent. La première est la passion, où tout est fort, intense. On est à la recherche de l'autre constamment, on a besoin de sa présence, de son toucher, c'est fusionnel !

Puis, un jour, la passion s'émousse, et on voit l'autre avec un plus de clarté. Ses défauts se dévoilent, certaines choses commencent à nous agacer. À ce stade, il est important de savoir ce qu'on veut, ce qu'on souhaite conserver ou non, ce qu'il faut changer ou pas, les concessions qu'on accepte et les compromis qui seront nécessaires. Ce n'est pas toujours facile de prendre du recul, mais c'est un travail à faire ensemble, autrement ça ne peut pas fonctionner.

Après une phase de haute intensité, l'amour devient plus raisonné. Chacun existe à nouveau en tant qu'individu ; on est plus autonome, moins dépendant. C'est une phase plus libre, plus douce et moins mouvementée.

J'ai vécu trois histoires d'amour dans ma vie.

Le premier amour, une histoire douce, naïve et riche en découvertes et en apprentissages. À ce moment-là, j'avais encore en tête l'exemple de mes parents, dans cette société matriarcale où les femmes sont les décisionnaires. Ainsi, je me suis risquée à faire le chef, dans une relation où nous partagions des moments qui auraient dû être doux. Malgré tout, mon compagnon s'est montré patient, diplomate et tolérant, et il restera à jamais mon premier amour.

L'histoire suivante était passionnée. J'étais émerveillée par tout ce que je n'avais encore jamais vu, expérimenté, appris. Ambitieux et dévoué, lui a été un exemple clé dans ce que j'aspirais à devenir. Cette relation m'a appris que, pour avoir ce qu'on veut, il faut lâcher ce qu'on ne veut pas. Il m'a aidée à faire de la place pour ce que je voulais vraiment et a été un soutien indéfectible dans le cadre de certains de mes projets.

La dernière histoire était plus raisonnée. À la différence des deux autres, celle-ci a la particularité de s'être tenue à l'autre bout du monde.

Nos différends

Quand je pense à l'amour, le mot « différence » est celui qui me vient à l'esprit. Nous sommes différents. En soi, chaque être humain est différent d'un autre, même si nous sommes tous plus ou moins composés de la même manière. Qu'est-ce qui explique ces différences ? Le lieu où on naît, celui où on grandit, l'éducation qu'on reçoit, les valeurs communes qui nous animent, ou pas. Tant de facteurs font qu'à l'échelle humaine, nous varions du tout au tout.

Après avoir expérimenté mon premier amour, puis un amour passionné, j'ai donc vécu l'amour raisonné. À l'autre bout de la terre, l'environnement n'est pas le même, les valeurs non plus, et alors, la façon de raisonner, encore moins. Pour ma dernière histoire, j'ai dû faire face à de nombreuses déconvenues. Nous ne parlions pas le même langage. Bien que le français ait été notre langue commune, il était très difficile de s'entendre sur des sujets que nous n'avions jamais appréhendés de la même façon. À l'image d'un dé qui montrera deux faces distinctes à deux personnes de part et d'autre de la table, une même situation peut être perçue de manière vraiment spécifique à chacun. C'est ainsi que beaucoup de conflits peuvent débuter, et, sans une communication adéquate, énormément de patience et de compréhension, ils peuvent prendre de plus en plus de place.

Dans ces moments-là, il est important de savoir prendre du recul. La dernière leçon qu'on m'a enseignée au cours d'un conflit était de communiquer, et de pouvoir se dire : « Quand tu fais ça, je me sens comme ça, et j'aimerais qu'on fasse ça à la place. » Aborder le problème sous un angle pacifique, sans hausser le ton, sans être dans l'émotion, mais seulement sur les faits, cela apaise les tensions. On est alors dans une démarche de résolution, pas de domination.

Au début, j'avais tendance à toujours chercher à avoir raison, à imposer mon point de vue et obliger l'autre à s'y soumettre, mais avec le temps, je me suis bien rendu compte que, plutôt que de régler le problème, ça en ajoute de nouveaux. D'ailleurs, à ce sujet, le livre *Pensouillard le hamster*, du Dr Serge Marquis, m'a fait prendre conscience de l'impact de l'ego dans notre quotidien, et le résultat n'est pas beau. L'ego, c'est ce qui ravage tout, qui bouscule et détruit. En général, il n'apporte rien de bon. Même s'il peut parfois être nécessaire pour son amour-propre, ou pour booster sa confiance en soi ou son ambition, dans la plupart des cas, il ne fait qu'attiser les problèmes.

Ma dernière relation m'a appris à fixer des limites. L'éducation très différente que nous avions reçue faisait qu'à bien des égards, nous n'avions pas le même référentiel, la même façon de voir les choses. Nous n'avions pas été forgés par les mêmes expériences de vie, tiré les mêmes leçons des situations que nous avions rencontrées. Ainsi, nous n'avions pas beaucoup de points communs sur lesquels bâtir notre relation *– si ce n'est l'amour des débuts, qui a été sans nul doute particulièrement intense.* Par la suite, j'ai été comme je suis depuis toujours : entière. J'ai donné tout ce que j'avais, sans raison ni limites. Je suis excessive et impulsive. Quand je fais quelque chose, c'est à fond, dès la première seconde. Peut-être aurais-je dû me montrer plus tempérée ? Quoi qu'il en soit, il m'a fallu apprendre à calmer mes ardeurs et à respecter davantage qui je suis, mes besoins, mes valeurs et mes limites. C'est un apprentissage inestimable, qui me permet de savoir qu'aujourd'hui, je n'accepterai plus tout ce qui ne me plaira pas ! Et si quelqu'un souhaite m'accompagner, il devra m'accepter telle que je suis. Je mérite d'être considérée entièrement, comme chacun de nous. Je me battrai pour quelqu'un qui m'aime vraiment, pas pour qu'on m'aime.

S'il y a bien une chose fondamentale que j'ai comprise avec le temps, c'est que je suis la femme de ma vie. Personne d'autre que moi ne pourra m'accompagner jusqu'à la fin de mes jours. Personne ne mérite d'être plus aimé que moi par moi. Tu vois ce que je veux dire ? Tu ne peux pas te dévouer entièrement à quelqu'un sans savoir t'aimer toi ! Parce qu'alors, qui pourra t'aimer comme tu le mérites si même toi tu ne le fais pas ?

Ça risque de déranger encore, mais oui, la Vai de maintenant est bien plus sûre d'être la femme de sa vie et n'a plus peur de perdre ce qui ne serait pas à la hauteur de ses attentes. Je sais ce que je veux et ce que je ne veux plus, et il faudrait arrêter de culpabiliser les gens au sujet des choix qu'ils font les concernant, dans leur relation notamment. Rester ou partir, qui de nous connaît mieux qu'eux leur histoire ?

Peine de cœur ?

Être entière et plus sûre de moi dans mes choix me rend aussi plus incisive et impulsive que jamais. Ça bouge, et vite ! C'est comme ça que j'ai récemment intégré le club des célibataires !

On a tous connu ça. On a tous déjà vécu au moins une peine de cœur, celle du premier amour, la première déception, les grands conflits et finalement la rupture. Les histoires sont toutes différentes et chacun aura sa façon de gérer la tristesse, mais puisqu'on en parle, autant que je partage un autre truc que j'ai appris.

Pour commencer, on ne meurt pas d'une peine de cœur. On a mal au cœur, d'accord, mais c'est l'esprit qui prend un sacré coup au moral ! En soi, notre cœur bat toujours. Objectivement parlant, on est en bonne santé. Psychologiquement parlant, on est dans un sale état ! Pourtant, les peines de cœur, comme tous les autres conflits difficiles à gérer, font partie du chemin de vie que nous devons traverser pour grandir et atteindre le niveau supérieur.

Il me revient un exemple parlant. Une athlète racontait que quand elle était enfant, sa mère lui avait offert sa première vraie paire de chaussures de course. Elle était aux anges, mais lorsqu'elle les a essayées, elle s'est aperçue qu'elles étaient bien trop grandes pour elle ! Sa mère, qui n'avait pas les moyens d'acheter de nouvelles chaussures à mesure que le pied de sa fille grandissait, avait anticipé et préféré les prendre avec quelques pointures de trop. Elle a tout de même couru avec, et comme il fallait s'y attendre, elle est tombée. Elle a réessayé, et est à nouveau tombée. Course après course, elle arrivait toujours bonne dernière. Puis est arrivé le moment où cette paire de chaussures a été parfaitement à sa taille. Elle avait assez grandi pour pouvoir les porter correctement et remporter la course.

Cette histoire, c'est celle de nous tous, finalement. Il arrive que, pour atteindre des objectifs bien spécifiques, il soit nécessaire d'apprendre à grandir dans un environnement difficile, qui nous défiera constamment, tout simplement pour qu'un jour, la chaussure puisse nous aller parfaitement. Pour nous permettre de réunir les conditions nécessaires à la réussite de notre objectif. Pour que nous puissions gagner la course.

Je suis persuadée que tout ce que nous vivons fait partie d'un schéma établi au préalable. Dans le grand dessein de nos vies, les chagrins d'amour ne sont pas mentionnés. Ils font partie de ce que nous devons tous expérimenter pour comprendre la perte, le deuil, l'amour conditionnel et inconditionnel et, plus difficilement, la résilience. Il y a énormément de choses à dire ou à faire pour surmonter les épreuves qu'on peut traverser. L'une de mes copines m'en a suggéré un certain nombre, telles que :

- faire une liste des choses qu'on sait faire pour se valoriser ;
- faire une liste des choses qu'on aime faire pour se sentir bien ;
- aller prendre du soleil pour que ça aille mieux ;
- aller à la mer pour laisser couler ;
- faire du sport, ça fait beaucoup de bien de se défouler ainsi ;
- s'occuper.

Et, parmi tous les conseils qu'on peut bien recevoir, le plus important reste de vivre pleinement ses émotions, plutôt que les refouler, puis de laisser couler les larmes qui ont besoin de passer.

Un soir, dans un bar, j'ai rencontré Armance, une jeune femme avec qui j'ai discuté peines de cœur. *Oui parce que tout le monde ou presque a déjà expérimenté une peine de cœur, hein ?* Elle m'a dit ceci :

– J'ai longtemps pensé qu'il fallait réparer un cœur cassé, mais finalement, je pense que le laisser ainsi permet d'en laisser un bout partout où on passe et, quelque part, le faire grandir.

J'ai trouvé cette phrase tellement belle, tellement délicate ! Je ne peux qu'être d'accord avec ça. Un cœur cassé, à l'image d'un os brisé, se renforce. Il grandit, il apprend. Nous apprenons tous, certains avec plus de difficultés que d'autres. Il faut vivre ça pour continuer à avancer. C'est difficile, mais nécessaire, comme presque tout dans la vie, paraît-il.

À propos des peines de cœur, on peut aussi parler du mal et des blessures que ça engendre. Dans son livre *Les 5 blessures de l'âme*, Lise Bourbeau raconte comment notre enfance et nos expériences ont forgé qui nous sommes aujourd'hui, au travers des blessures qui nous composent. Elle met en lumière différentes blessures qu'on a pu vivre, qui ont engendré des masques qui nous servent à nous protéger en société.

- **LE REJET :** crée le profil du fuyant. Pour éviter d'être rejeté, celui qui porte cette blessure prendra la décision de fuir les relations pour anticiper ce qui pourrait arriver et se sentir protégé. Il est d'une discrétion extrême, cherchant à éviter l'attention.
- **L'HUMILIATION :** entraîne le masque du maso. Ça peut être quelqu'un qui culpabilise et se sacrifie énormément, qui va se punir et craint d'être critiqué.
- **L'ABANDON :** crée le dépendant effectif. Cette blessure m'a fait vraiment beaucoup de mal, et j'ai dû beaucoup prendre sur moi pour la canaliser. Il en résulte une personne avec un constant besoin de validation, qui va chercher l'attention pour susciter de la compassion. Quand on est sur les réseaux sociaux, l'abandon est très difficile à gérer.

Quand j'ai rendu ma couronne de Miss, j'ai pris 100 K abonnés en plus, d'un coup ! Puis, au cours de l'année qui a suivi, j'en ai perdu plus de 150 K. Je me suis demandé pourquoi, ce qui n'allait pas chez moi, la raison des désabonnements. Qu'est-ce qu'il fallait que je change ? En vrai, je n'ai rien à changer ! J'ai toujours été moi, bien loin des conventions habituelles. Si les gens partent quand je suis qui je suis, alors c'est que nous n'avions pas tant de points en commun que ça, qu'il est nécessaire que nos chemins se séparent. J'ai aussi eu beaucoup de mal quand la personne qui m'accompagnait dans le cadre de mon album de musique a décidé de me mettre de côté et de m'ignorer complètement. Je l'avais déçue, en ne comprenant pas assez vite comment tout cela fonctionnait et elle a décidé de m'ignorer. Après quantité de messages, d'appels, d'e-mails et autre, j'ai compris que j'avais été abandonnée. Ça a été particulièrement difficile à gérer, puis c'est passé.

J'ai été abandonnée deux fois par une femme que j'estime et chéris beaucoup. Les désaccords sont légion et il est tout à fait normal d'en connaître. En revanche, il faut aussi savoir mettre son ego de côté pour voir ce qui peut être réparé – à moins de faire le choix de rayer cette personne de ta vie.

J'ai vécu l'abandon, et finalement, c'est cette expérience qui m'a fait prendre conscience de ma force : ce n'est pas grave. La seule personne qui ne m'abandonnera jamais, c'est moi ! Alors je tâcherai d'être celle dont j'ai besoin en toutes circonstances, pour vivre tel que je l'entends. Être une femme forte et indépendante, c'est difficile. Ça demande une force de caractère considérable, mais c'est lorsqu'il ne reste plus rien qu'il faut trouver la force de reconstruire. Ce n'est pas aisé, mais si ça l'était, tout le monde le ferait, et il n'y aurait aucun mérite au succès. Tu connais.

« À vaincre sans péril,
on triomphe sans gloire. »
de Pierre Corneille

• **L'INJUSTICE :** fait naître une personne rigide, perfectionniste, qui cache ses émotions pour atteindre ses objectifs, qui a du mal à lâcher prise et à se montrer vulnérable.

• **LA TRAHISON :** a pour effet de créer le masque du contrôlant, qui adopte une attitude dominante pour éviter de perdre le contrôle et pour se protéger des déceptions. Il veut tout prévoir, organiser, peut se montrer perfectionniste, a parfois des difficultés à faire confiance aux autres et ressent souvent de l'impatience ou de la colère.

Je crois que la blessure que j'ai à gérer maintenant est celle de la trahison. J'ai peur d'être trahie. Ça m'est déjà arrivé, et j'ai peur que ça arrive à nouveau. Alors j'anticipe, je cogite, je m'imagine tout ce qui pourrait arriver, et ça me gâche la vie. Apprendre à lâcher prise, c'est un truc fantastique, il paraît, mais vraiment, dans mon cas, c'est une tâche difficile.

Quoi qu'il en soit, toutes ces blessures ont un impact sur nous, dans notre quotidien et dans notre vie sentimentale. Il serait bénéfique de travailler sur ça pour s'en défaire et avancer le cœur plus léger vers de nouveaux cieux, qu'en penses-tu ?

Il faut aussi tenir compte du fait qu'on met beaucoup d'attentes sur l'autre, qu'on espère qu'il comblera nos lacunes, nos manques et nos insécurités. Ça aussi, c'est un vrai sujet ! Pourquoi l'autre devrait-il combler le vide qu'on peut ressentir, nous ? Pourquoi attendons-nous de l'autre qu'il résolve les problèmes auxquels on doit soi-même faire face ? Et comment pourrait-il même trouver la solution à un problème qui nous concerne, tandis que nous ne savons pas nous-même comment y répondre ? *D'ailleurs, ça me fait penser au sexe !*

- Quoi ? Le sexe ? Mais quelle audace, Vai ! Quelle impudence, quelle décadence ! Dis-m'en plus !!!

- Ouais ouais, parlons-en !

Hohoho ! Attends, parce que là, je suis quand même sur mon lit, allongée sur le dos, pour aborder un sujet palpitant ! Ça pourrait presque me donner des idées, tiens ! J'ose ? Non, pas maintenant, détaillons, abordons, imaginons. Laissons libre cours à notre imagination !

Parlons Q

Ah ! Dis la vérité ! C'est le sujet que tu attends depuis le tout début ! Après tout, n'est-ce pas celui-là même qui t'a accroché à ce bouquin ? Évidemment, la promesse du voyage en quelques lignes est aussi épatante en soi, mais soyons sérieux deux secondes, le sexe est un sujet qui a toujours suscité beaucoup de réactions ! Et de naissances, aussi ! Puisque sans ça, nous ne serions pas là !

Dans de nombreuses sociétés et de nombreux foyers, le sexe est un sujet tabou, évité, abordé avec pudeur et gêne, et assez vite congédié. Alors que bon, c'est la nature, hein ? Pourquoi ça serait diabolisé ? Qui a eu cette idée saugrenue de placer le sexe au stade de péché ? J'ai beaucoup à dire à ce sujet ! Déjà, parce qu'il me passionne. Ensuite, parce que, pour être totalement honnête, je trouve ça très agréable. Mais surtout, parce qu'il dérange ! J'adore déranger ! T'as vu ? Mais pas ici. On va en parler de manière, disons, sage et rationnelle !

En Polynésie française, sur les 3 500 enfants[10] nés en 2020, 300 sont nés de mères âgées de moins de 20 ans. Bien que le sexe ne soit pas un sujet dont on puisse discuter, ça reste l'une des activités les plus répandues ! Après tout, qu'y a-t-il d'autre à faire, dans les îles ? À part profiter de la mer et de la montagne ? Et quand il pleut ? On fait vite le tour ! Bon, blague à part, c'est un sujet que beaucoup expédient trop vite et qui nécessite qu'on prenne un peu plus que cinq minutes avant de retourner vaquer à ses occupations.

10. https://data.ispf.pf/docs/default-source/publi-pf-bilans-et-etudes/1256-bilan-demographique-2020.pdf?sfvrsn=6

Le sexe, ce n'est pas sale. Ce n'est pas malsain non plus. C'est, tout simplement ! Et selon la façon dont chacun le voit, ça peut prendre diverses tournures. Pourtant, il s'agit d'un « devoir » citoyen, qui sera encouragé plus tard, quand on sera marié et que la société commencera à s'insurger, avec des questions du style : « Alors ? C'est pour quand ? Faut pas traîner ! L'horloge biologique tourne. » C'est un sujet que seules les femmes portent sur leurs épaules, et bien qu'on puisse aussi en parler pendant des heures, voici ce que je réponds quand on me demande quand je compte faire un enfant : « Je suis stérile. »

Oui, c'est cru, oui, ça calme. Ça permet de couper court à la conversation et d'arrêter tout débat. C'est un sujet tellement délicat, tellement personnel… Comment certaines personnes peuvent-elles oser poser une question aussi intime avec autant de légèreté ? C'est fou ! Comme si c'était l'affaire de tout le monde. Il y a celles qui rêvent d'avoir un bébé et qui n'y arrivent pas, celles qui en ont presque eu un et finalement pas, celles qui ne pourront jamais. On ne peut pas deviner toutes les épreuves que les gens traversent, et c'est un sujet sensible : pourrait-on se mêler de ce qui nous regarde et éviter de mettre les pieds dans le plat ? *Je veux dire, c'est ma spécialité, ça ! Laissez-la-moi ! Trouvez-vous la vôtre, quoi ! Purée va !*

BAM ! Changement de sujet : passer du coq à l'âne, ma deuxième spécialité !

Nous, les femmes, sommes dotées d'un organe entièrement dédié au plaisir : le clitoris ! Situé au niveau de la vulve, avec une partie interne et une partie externe, et près de 8 000 terminaisons nerveuses, c'est lui qui est à l'origine de toutes les sensations. Il faut de la douceur, de la régularité et de la patience pour arriver à comprendre ce qui peut nous plaire ou pas. Tu vois, quand je dis qu'on attend de l'autre qu'il nous comble, je parle aussi de ça : on attend de notre partenaire qu'il nous donne un orgasme, mais comment pourrait-il y arriver si nous ne savons pas nous-même pas comment y parvenir ?

Il en va de même pour lui. Lui aussi doit s'appréhender, se rencontrer et se découvrir. Souvent, on va trouver normal que les garçons se masturbent et blâmer les filles qui oseront s'y aventurer.

La pornographie joue un rôle essentiel dans la désinformation et la perception de ce qu'est réellement le sexe. Les femmes ne jouissent pas tout le temps, tout comme les hommes, et ce n'est pas forcément brutal ou douloureux ! Quand il y a de l'amour, le fait de faire mal à son partenaire ne devrait pas être normalisé.

L'innocence d'une première fois

Ils se font face. Pour la première fois depuis qu'ils ont commencé à se fréquenter, les baisers sont plus fougueux, plus longs, plus intenses. Le souffle coupé, ils se regardent avec ardeur. La température de la pièce a grimpé, ils ont chaud et se délestent de ces vêtements superflus. D'un geste maladroit, il l'aide à retirer sa robe-pull. Ses doigts froids provoquent des frissons sur sa peau. La tête coincée dans le col, elle se débat avec les manches pour finalement se retrouver en sous-vêtements face à lui, déjà torse nu. Les peaux s'appellent et les baisers reprennent. Un bras dans le dos, l'autre derrière la tête, soutiennent celle qui se laisse choir dans une étreinte passionnée. Elle pose ses mains sur le creux de ses reins, les descend doucement, jusqu'à atteindre ses fesses. Provocante et fiévreuse, elle en veut plus, elle le réclame et il y répond. Ne sachant comment faire, tous les deux sont gauches et continuent leur danse amoureuse et malhabile. Son caleçon tombe à terre, suivi de près par le soutien-gorge de son amante. Le désir point sur ces corps enlacés. De ses mains à présent réchauffées, il glisse ses doigts sur ses hanches pour faire descendre son bas, tout comme il descend sur son corps. Des baisers candides çà et là, elle ferme les yeux et laisse son amant guider l'expérience. « S'il te plaît, je te veux. » Désarmé par cette demande essoufflée, ses joues rougissent et il s'empresse de répondre, innocent. Devant lui, elle danse entre ses mains. Plein de désir, lui aussi, il saisit le préservatif qu'il conservait dans sa poche pour ce moment-là. (Oui, le préservatif, messieurs dames ! En toutes circonstances ! Quand on ne veut pas de grossesse non désirée parce que oui, des fois, ça fait mouche au premier coup !)

Sa première fois ! La sienne aussi ! Ensemble, après tout ce temps, enfin ! Il s'installe sur le dos, prêt à l'accueillir, et l'admire de toute sa grandeur. Les yeux mi-clos, haletante, elle se place au-dessus de lui et s'empare de sa virilité pour le placer correctement. Bien qu'elle ne sache pas vraiment comment procéder, elle a eu assez de cours de sciences naturelles pour comprendre comment fusionner et est bien décidée à procéder. Le désir lui brûle le bas-ventre. Instinctivement, elle sait, et tout doucement, l'insère en elle. Le temps est lent, aussi lent que son esprit brumeux. Les sensations sont mitigées, presque douloureuses, mais aussi délicieuses ! Petit à petit, il la rencontre en profondeur. Petit à petit, elle parvient à reprendre conscience et commence à bouger. Des mouvements de va-et-vient, qui montent et qui descendent, ses mains sur ses hanches. Elle frissonne de plaisir. Lui aussi. Les baisers reprennent, tandis qu'il reste sur le dos et continue d'admirer celle qui lui a pris sa virginité. Cet instant est sans précédent, ils sont tous les deux hypnotisés par les sens qui ont pris le dessus. Complètement désarmés face à ce qu'ils ressentent pour la première fois, ils partagent un instant unique. Les mots ne sont pas nécessaires. Seuls les corps communiquent et, tandis qu'elle se familiarise avec ces sensations nouvelles, il ne tient plus. Son corps réagit aussitôt à cette stimulation et relâche la pression. Il est venu. Elle, pas encore. Il est plus difficile pour elle de comprendre ce qu'il se passe à l'intérieur, mais les sensations sont tellement agréables ; elle se sent bien. Lui aussi. Ils s'étreignent à nouveau, allongés dans les bras l'un de l'autre, se caressant le dos du bout des doigts, ils s'embrassent encore et apprécient cet échange qui vient de leur faire franchir un nouveau cap dans leur relation.

Voilà ! Ça, c'est beau ! Ça, c'est doux ! Et pourtant, rares sont les fois où on peut ressentir autant d'émotions ! On se perd dans la croyance erronée qu'en matière de sexualité, la société sait comment faire, alors que c'est propre à chacun ! Il y a autant de façons d'aimer que de personnes dans le monde. Ainsi, il est vain de procéder de la même manière avec tous les partenaires qu'on rencontrera. Il faut laisser de la place au silence, pour que le corps exprime ce que les mots ne savent pas dire ; écouter les souffles courts qui révèlent le désir et prendre le temps d'observer son partenaire, tout en le guidant vers ce qui nous plaît à nous ! C'est pourquoi il est important de se connaître et de s'explorer avant de s'exposer à quelqu'un.

Une relation sexuelle intime à soi

J'ai envie. J'ai tellement envie. J'ai chaud, mes mains commencent à me parcourir et à apaiser les tensions que je sens depuis quelque temps. Tout mon corps est érogène, mais peu d'hommes ont été capables d'éveiller des frissons comme je le fais maintenant. Mes mains, mes avant-bras, mes bras, toute ma peau est pourvue de nerfs qui partagent la même information : je désire plus. Alors, après avoir parcouru mes courbes, ma nuque et mon torse, mes doigts se posent directement sur mes seins durcis, tandis que l'autre main va plus bas. Du bourgeon de bonheur, je me saisis délicatement et commence à caresser cet endroit, doucement. Le plaisir est présent, agréable, délicieux. L'instant paraît suspendu, tandis que le plaisir s'échappe de mes lèvres.

Tu vois, il n'est pas toujours nécessaire d'avoir un partenaire : on peut très bien avoir une sexualité épanouie toute seule !

Et une fois qu'on se connaît et qu'on est prêt à se présenter à l'autre, il est primordial d'ÉCOUTER ! Bien que ça puisse sembler inapproprié, qui mieux que soi pour s'appréhender ? Inutile de se sentir gêné face à son propre reflet, c'est aussi comme ça qu'on peut guider l'autre vers ce qu'on cherche. Et surtout, n'hésite pas à verbaliser tes désirs ! Si par la suite, il se sent mal à l'aise à l'idée d'être guidé, il est important d'entamer une vraie conversation. Sache qu'il faut savoir faire preuve d'humilité pour reconnaître qu'on ne sait pas et en profiter pour apprendre ! Échange avec ton partenaire pour partager tes désirs et écoute également les siens. *Purée de patate ! On fait pas dans la charité, nous ! C'est vrai, quoi ! Le plaisir va dans les deux sens ! Nous aussi, on veut prendre notre pied ! Et pas des « sachants » qui ne savent pas !*

Pour que le plaisir soit partagé, il est essentiel d'aborder LA notion majeure : le consentement. Ça veut dire que tu donnes ton accord pour partager l'instant. Si à un quelconque moment tu n'as plus envie, si tu changes d'avis, si quelque chose te vient à l'esprit et que tu n'es plus dans le *mood*, alors tu peux exiger que ça s'arrête, même si l'autre est moins d'accord que toi.

Dans ce que je vois de la société actuelle, je perçois plusieurs biais qui freinent ce moment de partage. Pour commencer, je constate une pression croissante sur l'homme de devoir faire jouir sa partenaire, pour être perçu comme un « bon coup ». Ainsi, il est plus dans la performance que dans l'instant, n'écoutant pas les silences révélateurs de sa compagne dans ces moments-là. Ensuite, il me semble que, souvent, lorsque l'homme a joui, l'action prend fin. Comme si nous n'étions pas supposés en profiter davantage. Parfois, sans même que la femme ait pu sonder son propre plaisir. Comme si, dès le départ, le rapport avait eu pour unique but de satisfaire l'homme et lui seul.

Enfin, il arrive qu'un problème d'ego prenne le pas sur un échange qui aurait pu aboutir à une solution. « Je sais faire », qu'ils pourraient dire, comme si nous naissions tous en sachant ! N'oublie pas ! Personne ne sait, jusqu'à ce qu'il l'apprenne. Il y a des savoirs intuitifs intimes qui n'apparaissent qu'après avoir vécu certaines situations, et faire preuve d'humilité dans ces cas-là est non seulement très bénéfique pour celui qui saura mettre son ego de côté, mais en plus bien plus attractif qu'une personne qui aura prétendu exceller au lit, et se retrouvera toute penaude durant la relation intime.

Tiens, d'ailleurs, ça me fait penser, c'est exactement la même chose à l'école ! Tu vois, j'ai eu beaucoup de mal à le comprendre, mais si on va à l'école, c'est bien parce qu'on ne sait pas ! Les enseignants sont là pour enseigner, pour partager leur savoir et la discipline dans laquelle ils se sont formés. Combien de fois n'ai-je pas osé poser une question alors que j'en avais besoin pour comprendre quelque chose ? Combien de fois ai-je eu honte de lever le doigt ? Il n'y a pas de rythme d'apprentissage prédéfini, seulement le nôtre ! Et les enseignants ne peuvent pas tout voir tout seuls, ils ont besoin de toi pour t'aider à réussir ! Et à quoi ça sert de réussir ? Et d'abord, c'est quoi, réussir ? Ben réussir, pour moi, c'est être heureux ! Le bonheur perçu est proportionnel à la quantité d'effort fourni pour réussir. Plus un projet nous tient à cœur, plus on sera à même de s'y mettre pleinement, mais ça, on en parlera bien quand je serai plus en forme. Pour le moment, concentrons-nous sur la sexualité ! Et va pas me dire que je tergiverse toute seule, t'as rien fait pour que ça reste droit ! Est-ce que j'ai un trouble de l'attention ? Quand je lis tout ce que j'écris, j'écris vraiment ce qu'il y a dans ma tête, j'en ai bien l'impression ! ANYWAYYYY !

Une petite dernière pour le plaisir ? Oh, vraiment, ce sujet me fascine. Je pourrais écrire des pavés ! Peut-être que je devrais penser à écrire des romans olé olé ? T'en penses quoi ? J'ai récemment découvert le site Femtasy. Je t'avoue que ça m'accompagne parfois pour épicer mes promenades diurnes, dans le métro ou pendant les courses ! Tu connais ? Ce sont des audios explicites pour susciter du désir ! Comme ce texte par exemple :

De son pouce qui caressait mes lèvres, je sentais l'envie très forte de mordre son doigt. Je salivais déjà de ce contact inattendu, mais l'agacement de le voir me toiser ainsi m'encourageait à le titiller.

– Aïe !

– Oui monsieur, attention, je mords !

Et il posa son pouce sur ma langue et le reste de ses doigts sous ma mâchoire pour m'obliger à le regarder. Cet échange silencieux mais intense me faisait penser au passo doble. *Une danse de salon magnifique dont l'intention est la soumission de l'autre. Ici, nous étions deux à nous affronter, sans pour autant que l'un de nous ne cède.*

Aidée par une maîtrise linguistique conséquente, je l'ai quand même senti déconcerté par le plaisir tactile que j'arrivais à prodiguer sous mon palais. Ça lui plaît. À moi aussi à vrai dire.

Assise sur cette chaise en bois depuis trop longtemps, je sens la tension qui monte tandis que mes jambes faiblissent. J'ai tellement chaud ! D'ailleurs, cette sensation de chaleur se diffuse lentement dans mon corps. De mon bas ventre, quelque chose monte au niveau de ma poitrine. Pas dans le cœur, non, bien qu'il le fasse palpiter ! Là, c'est ma chair qui réagit. Je me sens sensible. Tous les capteurs de ma peau sont en alerte. Ma respiration, que je tente de maîtriser, fait bouger le tissu doucement. Voilà bien longtemps que je ne porte plus de soutien-gorge et le coton se meut sur mes seins, provoquant des frissons que mon partenaire ne manque pas de remarquer. Ses yeux se baladent sur la peau qui se hérisse, du poignet à l'avant-bras, du bras à l'épaule.

Sans prévenir, il retire sa main de mon visage pour saisir ma nuque et m'embrasse passionnément. Langoureusement. Je n'arrive plus à me retenir et y répond avec autant d'intensité. Nos lèvres sont scellées par un baiser qui nous fait perdre haleine. Respirer devient compliquer. Réfléchir aussi. L'instinct prend le dessus et la réaction est animale. La distance entre nos corps est réduite à néant et il me soulève de ses deux bras puissants pour me faire goûter au plaisir d'une danse à deux, coincée entre le mur froid contre lequel il me plaque et son torse musclé et chaud.

Je peine sincèrement à rester debout, le mélange de température m'hypnotise. Cette situation-là, j'en ai rêvé plusieurs fois, surement inspirée par les animés que j'ai toujours aimé regarder ! Sauf que là, c'est en vrai de vrai et les sensations n'ont rien à voir avec ce que j'imaginais ! Mes jambes déjà affaiblies perdent toute composition et je dois mettre mes bras autour de son cou pour me soutenir. Ça aussi, ça lui plaît. Je le sens contre mes jambes. Le désir est réciproque et l'effet qu'il produit en moi me coupe le souffle.

« J'ai envie de toi »

Voilà. Une phrase, une seule qui libère toute inhibition. Nous ôtons rapidement toute matière superflue pour laisser s'exprimer l'art de la passion. Guidée sur le lit, j'admire celui qui me provoque. Ses jambes, son ventre, ses épaules, son cou, son visage. Tout m'inspire la luxure en lui.

« Tu es si belle !» Je ne m'y attendais pas. Je ne le savais pas, mais elle m'apparaît maintenant la différence qui existe entre quelqu'un qui dit « tu es belle » et quelqu'un qui le dit en le pensant. Sous son regard, je me sens belle ! Je m'en enorgueillis d'ailleurs.

De cette confiance nouvelle, j'attrape sa main pour le tirer à moi et lui faire goûter au plaisir qu'il m'inspire. Je suis affamée et dévore autant que je me sens belle : divinement. Son bassin rythme mes mouvements jusqu'à ce qu'il ne tienne plus et saisisse mon visage à nouveau pour apprécier sa saveur. Délicieux. Ce moment est délicieux.

Je suis déjà prête à l'accueillir, mais sa générosité m'oblige au plaisir qu'il veut me donner. Sa tête entre mes mains, nos yeux se mirent et nous ne nous quittons plus du regard. Ses succions me font perdre la raison. À deux doigts de l'extase, il les retire pour qu'enfin je sois comblée. Et – oh mon dieu – nous nous rencontrons en profondeur. À chaque soupir plus poussé, il comprend mon plaisir. Écoutant activement chaque silence, je révèle implicitement ce que j'aime et il les saisit sans peine. Nous dansons au tempo de nos envies. Le temps semble être une notion qui ne nous atteint pas. Seules les sensations parlent pour nous et notre chorégraphie se poursuit pour atteindre l'extase. Je ne sais plus quoi dire. Je suis repue.

LA VIE À LA TAHITIENNE

Les genres et la reconnaissance

Depuis toujours, tout le monde cohabite en Polynésie, sans soucis ! Il y a les *TANE*[11], les *VAHINE*[12] et les *MĀHŪ*[13]. Ce sont des hommes efféminés qui ont pour mission d'assister la famille dans la gestion des tâches à réaliser. On peut les considérer comme le directeur artistique de la famille : celui qui prend soin de l'éducation, de l'esthétique, du foyer, c'est un artiste à part entière. D'ailleurs, certains *ARI'I* ont même des *MĀHŪ* qui s'occupent d'eux.

Aujourd'hui, il y a aussi ceux qu'on appelle les *RAERAE (prononcé raie-raie, pas réré, avec è, comme être !)*, qu'on confond parfois avec les *MĀHŪ*. Les *RAERAE* ne sont pas caractérisables ! Il n'y a aucun jugement de valeur ou quoi. Les *RAERAE* sont, c'est tout. La définition qu'on pourrait tenter d'en donner ne sera jamais complète, tant elle évolue au fil du temps. Ils ont été des hommes qui se travestissaient en femmes, des femmes qui se travestissaient en hommes, des hommes qui s'habillaient en femmes et qui aimaient les hommes, des femmes qui s'habillaient en hommes et qui aimaient les femmes, des homosexuels, peut-être aussi des asexués, mais pourquoi chercher absolument à savoir ? Ils sont là, c'est tout ! À Tahiti, c'est quelque chose de parfaitement normal, alors que ce n'est pas le cas en métropole. Pourtant, la tolérance est un concept universel, non ? Est-ce qu'on ne pourrait pas accepter, au lieu de juger et de critiquer ? Chez nous, il n'y a pas de jugement. Juste des gens qui existent.

En ce qui concerne les questionnements sur le genre, je n'ai aucun avis à émettre, puisque je ne suis pas concernée. Ça devrait être le cas pour tout le monde, d'ailleurs. Tant qu'on ne nous embête pas, pourquoi juger ? Mais rebondissons, encore !

11. Homme.
12. Femme.
13. Personne efféminée.

Nombreux sont ceux qui ont besoin d'imposer leur façon de voir aux autres. Les guerres de religion ont fait la même chose. Ce sont des guerres d'ego, le besoin de toujours avoir l'ascendant sur l'autre. Pourquoi ce besoin d'être reconnu supérieur ? C'est l'ego qui parle, une fois encore !

Combien de fois avons-nous ressenti ça ? Combien de fois la colère nous a-t-elle submergés au point de perdre la raison pour s'imposer face aux autres ?

On ne va pas commencer à s'énerver à cause de ça, hein ? Encore ? Mais ma fille, t'as vu l'heure ? Il serait temps de fermer les yeux et laisser ton corps se reposer ! Non, attends, j'ai encore envie de penser ! Calmons-nous. Respire, doucement, bloque, expire, bloque, 5 secondes pour chaque phase, tranquillement, doucement… Imagine une rivière qui vit une crue, l'émotion est passée, le torrent aussi. Ça y est, c'est bon…

Ça va ! Ma rivière s'écoule lentement, le flot est régulier, le bruit de l'eau agréable, la brise de la…

*

C'est à ça que ça ressemble, dans ma tête… Je pense ! Beaucoup. Des fois, je me rappelle des choses, j'imagine aussi pas mal, mais à un moment, le flot incessant de mes pensées se tarit, et j'arrive enfin à dormir ! Là, comme tu peux le voir, c'était un grand trou noir, j'ai juste arrêté de penser et voilà que mon réveil sonne ! Il est 4 heures du matin, on est dimanche, c'est le moment d'aller au marché !

Bon, déjà, je fais mon lit ! Sans plis, comme dit mamie Cha. La couverture sous l'oreiller, l'oreiller secoué sur un drap tendu, le lit est fait ! C'est l'heure d'aller chercher le petit déj.

Pourquoi si tôt, me demanderas-tu ? Il y a une énergie bien particulière le dimanche, à 5 heures, au marché de Pape'ete ! Oui oui, tout à fait ! Cinq heures du matin, tu as bien lu !

Le soleil n'est même pas encore une lueur à l'horizon. La lune et les étoiles sont toujours hautes dans le ciel, et l'air frais du matin me fait frissonner. Je m'engouffre dans ma voiture et roule vers Pape'ete. Même à cette heure-là, il y a des gens réveillés. Après tout, je ne suis pas la seule à apprécier le marché du dimanche au petit matin !

Pour y accéder et réussir à se garer au plus près, soit on se lève plus tôt que les autres, soit on sait que le parking de la mairie est ouvert et on s'y gare ! Dans les rues, les stands prennent la place des voitures. Sur les étalages, il y a de tout : des légumes et des fruits, des confitures de goyaves *(Goïaves, pas gouaïave, comme dans les Antilles. Si à Rome il faut faire comme les Romains, à Tahiti, faisons comme les Tahitiens !)*, du miel et des citrons des Marquises *(les meilleurs du monde)*, des poissons crus en barquette ou des chinoiseries.

Oui, des chinoiseries ! La Polynésie est multiculturelle, mais trois ethnies dominent chez nous : les *MĀ'OHI*[14], les *POPA'Ā*[15] et les *TINITŌ*[16]. On ne fait pas de distinction ethnique relative aux pays d'origine. En tout cas, à la maison, on ne désignait pas les personnes d'origine asiatique par leur nationalité. C'est *TINITŌ*, point. Ce sont des métis de toutes les couleurs qui composent la population polynésienne. D'ailleurs, à l'époque de la découverte des îles par les Européens, il n'était pas rare de voir des marins œuvrer avec des femmes d'ici et repartir !

Ah, mais au fait, attends ! J'ai une histoire à te raconter ! Deux secondes, je ferme la voiture à clé, je prends mon panier et on y va !

14. Peuple polynésien.
15. Blancs.
16. Chinois. Tinitō tire son origine de tanu i te tō. Tō, la canne à sucre, ceux qui plantaient la canne à sucre donc, car les chinois ont été ramenés en Polynésie pour la plantation de canne à sucre.

Sais-tu que j'aurais pu m'appeler Vaimalama Chataigner ? Je préfère largement Chaves, mais attends ! Deux secondes ! J'te raconte ! En gros, il était une fois un Monsieur Chataigner, militaire marié avec des enfants, qui rencontra une Mademoiselle Chaves. Le coup de reins succéda au coup de foudre et, d'un coup d'un seul, elle se retrouva enceinte ! Oui, mais non ! À l'époque, c'était trop mal vu d'être enceinte d'un homme marié ! Alors M. Chataigner n'a pas pu reconnaître ses enfants : voilà comment Mademoiselle Chaves a été obligée de donner son nom à ses enfants, et que papi Cha s'est appelé Chaves ! T'as vu ? C'est fou, hein ? Combien de marins, comme ça, avaient des femmes dans tous les ports ? D'autant plus que, sur toutes nos îles, il y en avait à foison, des ports !

Le panier à l'épaule, la fleur à l'oreille et le regard pétillant, je rejoins la rue où les lampadaires éclairent d'une froide lumière blanche la route qui s'anime de la vie des passants.

C'est le lieu de rencontre des lève-tôt qui aiment profiter de la journée, et des couche-tard qui viennent de sortir de boîte de nuit, pour aller chercher quelque chose à manger avant de rentrer dormir pour le reste du week-end.

Sur les étalages, le poisson est frais. Il y a les jus de canne à sucre de David, un monsieur avec qui j'avais été hospitalisée à Te Tiare, après mon accident de vélo, tu te souviens ? C'est rigolo de le retrouver ici chaque fois que j'ai la force de me lever tôt le dimanche ! Ses jus sont délicieux, bien qu'un peu chers à mon goût. Je m'achète juste un verre de jus de canne avec du citron pour continuer mes emplettes. Je suis venue chercher deux ingrédients indispensables à un bon petit déjeuner : du PUA'A rôti et des FIRI FIRI !

Le PUA'A, c'est du porc, comme le nom du cochon dans *Vaiana* – c'est comme appeler un lapin, Lapin, oui ! Mon préféré, c'est celui à côté du cinéma *Liberty*, un peu au-delà du marché. Pour 1 000 CFP, soit environ 8 €, on en a un beau paquet !

FIRI FIRI AU LAIT DE COCO

Ingrédients :

- 500 g de farine
- 10 g de levure chimique
- 25 ml d'eau tiède
- 300 g de sucre en poudre
- 375 ml de lait de coco
- huile à frire (par exemple de tournesol)

Préparation :

- Dilue la levure avec l'eau tiède.
- Ajoute la farine, le sel et le sucre.
- Pétris le tout en ajoutant le lait de coco.
- Laisse la pâte reposer 3 heures au frais.
- Fais frire la pâte en forme de bâton ou torsadée, 2 ou 3 minutes sur chaque face.

Et voilàààà !

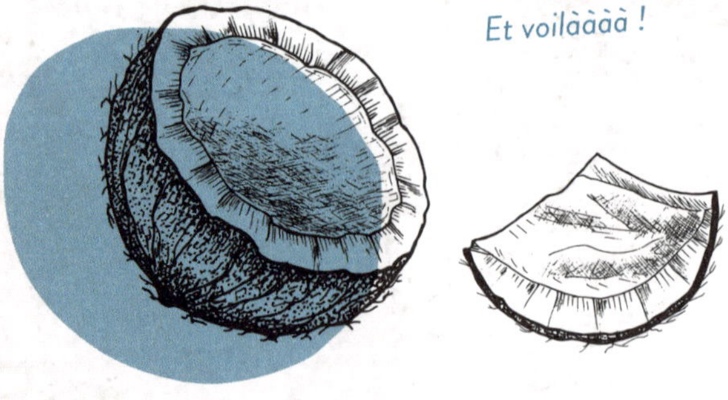

TĀMĀ'A MAITA'I

Quant à mes FIRI FIRI favoris, je les trouve chez *K.Fé Roti*, juste en face de la mairie. Aux dernières nouvelles, ils étaient à 70 CFP l'unité, soit presque 60 cts le firi firi ! À tester, c'est absolument DÉLICIEUX ! Surtout quand ils sont bien chauds et viennent de sortir de l'huile. L'odeur des firi firi emplit les rues encore éclairées par les lampadaires. Guidés par leur odorat, les affamés se ruent sur ces délicieux beignets au lait de coco. Premier arrivé, premier servi, hors de question que je me laisse devancer par les fêtards ! C'est mon péché mignon. Quand je rentre à la maison, il m'en faut ! Mais si tu ne peux pas venir jusqu'à Tahiti pour y goûter, voici la recette !

Et si jamais tu es assez audacieux, alors je te donne un truc que je faisais quand j'étais petite : prends un firi firi, ajoute un peu de Nutella et une tranche de fromage *cheese dale* ! Vraiment, là on est au top du top !

– Quoi, tu as parlé de Nutella, mais tu sais qu'ils sont responsables de la déforestation et de la mort d'orangs-outangs ?

– Oui, j'ai osé ! Quand j'étais petite, j'adorais ça ! Et il m'arrive encore d'en manger alors restons courtois et continuons le récit !

Une fois que j'ai acheté tout ce dont j'avais envie, les légumes ou les fruits de la semaine, en plus des firi firi et du pua'a rôti, c'est l'heure d'aller à la messe ! Oui, tu as bien lu, je vais retrouver le père Christophe, le sosie de Jésus, à la cathédrale, pas loin de là, pour une heure de chants joyeux et de partage avec les paroissiens.

La religion

La religion occupe une place prépondérante chez nous ! Du moins, dans la famille de maman : chaque dimanche, ils m'obligeaient à aller à la messe et à rester immobile pendant UNE HEURE ! C'est incroyablement long, une heure, quand tu es enfant ! Surtout quand il s'agit d'écouter des sermons ! Heureusement, nos prêtres à nous sont plus modernes que ceux de métropole ! Je n'ai assisté que deux fois à la messe depuis que j'y vis ! Pas par manque de temps, non, mais bien parce que je trouve le décalage entre ce qui y est dit et le monde actuel trop important ! La dernière fois, j'ai craqué ! Je suis partie en pleine messe, lorsque le prêtre a dit quelque chose du style : « Tu marieras une vierge et elle t'honorera comme tu honoreras ton Dieu. » *(ou quelque chose comme ça)*

Mais quelle idée ? Comment peut-on encore tenir des propos aussi moyenâgeux ? Il existe d'autres signes que la Vierge ! Moi, par exemple, je suis Sagittaire ! Bon, évidemment, c'était une manière de rebondir sur une blague, parce que les jeux de mots, c'est ma passion. Mais passons, ça m'a quand même beaucoup agacée.

En Polynésie, nous avons toujours été très croyants. D'après nos mythes, au début, il n'y avait rien.

La création du monde, selon nos légendes

À l'origine, dans le Tahiti des temps anciens, il n'y avait rien, seulement Rūmia, un œuf tournoyant sur lui-même. Sans ciel, sans lune, sans étoiles, tout était obscurité. À l'intérieur, Ta'aora était seul et fatigué du néant, il donna un coup dans sa coquille, qu'il fissura. Il s'écria : « 'O VAI TEI N'IA,[17] 'O VAI TEI RARO ?[18] », mais n'eut aucune réponse. Las de la solitude, il resta confiné dans sa coquille quelque temps avant de ressortir de Rūmia et créa le monde ainsi : il utilisa sa colonne vertébrale, qui devint le poteau central du monde et les chaînes de montagnes. Ses viscères devinrent les grands nuages ; sa chair ; la richesse de la terre, ses ongles de mains et de pieds, les carapaces des mollusques et crustacés. Ses larmes, les rivières et les mers. Il secoua ses plumes qui devinrent les arbres, les buissons et la verdure sur Terre. Le sang de Ta'aroa s'échauffa et fit rougir le ciel et les arcs-en-ciel, c'est ainsi qu'il créa le monde des Polynésiens.

Par la suite, il y eut cinq divinités descendantes, dont les principales furent :

- TŪ : le dieu de la guerre et des artisans. Cette caractéristique sera amplifiée et finira par le déterminer, c'est ainsi que le dieu de la guerre deviendra Oro.
- 'ORO : aussi le dieu de l'air, de la terre, le guerrier. Il est aussi le dieu de l'abondance, de la fertilité et de la passion.
- TĀNE était d'une beauté légendaire, mais excessivement belliqueux, capable du meilleur comme du pire, il pouvait semer le chaos avec ses lances quand il était en colère et protégeait les artisans.
- RUĀHATU TINI RAU est le dieu de la mer, des océans et des poissons. Il y a son équivalent, Tagaroa, qui est spécifique aux Tuamotu.

17. Est-ce qu'il y a quelqu'un en haut ?
18. Est-ce qu'il y a quelqu'un en bas ?

• **ĀTEA :** divinité de l'espace et du ciel, donneur de lumière. Aux Tuamotu, Ātea est considéré comme l'ancêtre de la population de l'archipel.

Les Polynésiens ont toujours été croyants et pratiquants. Plus tard, quand les protestants sont arrivés, ils ont construit leurs temples sur les MARAE, les lieux de culte de la religion initiale. Ce faisant, les prières et rituels avaient toujours lieu au même endroit, mais la foi accordée aux croyances polynésiennes a migré vers le protestantisme.

Personnellement, je suis croyante, mais peu pratiquante, et ce pour plusieurs raisons. D'abord, les sermons comme celui que j'ai cité, non merci ! Ensuite, la religion est le propre de l'homme : de tout temps, l'homme a eu besoin de trouver quelqu'un à blâmer pour les malheurs qui lui arrivent ou quelqu'un à implorer pour se sentir protégé ! Mais comment peut-on oublier que nous sommes responsables de ce qui nous arrive ?

Il y a aussi l'hypocrisie liée au confessionnal, où de nombreux pécheurs iront chercher l'absolution avant de recommencer, une fois leurs péchés pardonnés. Mais également l'obligation du secret de la confession, qui interdit aux prêtres de signaler des comportements déplacés et illégaux, comme ceux auxquels bien trop d'entre eux se livrent. *Toutes ces plaisanteries sur les prêtres et les enfants de chœur, elles ne viennent pas de nulle part, non ?*

D'ailleurs, puisqu'on parle de foi, autant vous livrer le fond de ma pensée ! Je crois en l'Âme. C'est ce que nous sommes profondément : une entité qui va s'incarner sur le plan terrestre pour vivre certaines expériences choisies, en fonction de ce que l'Âme veut apprendre. Ainsi, elle choisira de s'incarner dans un environnement propice à son apprentissage, dans une chair qui aura hérité du legs de ses aïeux, lesquels, eux aussi, ont une mission de vie. Je crois qu'on forme un tout et *– ah ! c'est l'heure du pain !*

– Donne la paix, ne regarde pas le péché, mais la foi de ton Église, pour que ta volonté s'accomplisse, donne-lui toujours cette paix, et conduis-la vers l'unité parfaite, toi qui règnes pour les siècles des siècles. Amen.
Mes frères et sœurs, dans la charité de Christ, donnons-nous la paix.
Je vous donne la paix, je vous laisse ma paix.

Les mains se secouent, parce que oui, on se tient la main durant cette partie-là, quand on récite le Notre Père ! Tu sais ? Notre Père qui es aux cieux, que Ton nom soit sanctifié, que Ton règne vienne [...] donc ! Là, on se tient la main et on se salue, genre coucou, pis on va faire des bisous aux gens qu'on connaît pour faire la paix avec eux, même quand il n'y a pas eu de guerre, hein ?

Une fois la messe terminée, c'est le moment de rentrer, vers 7 heures, pour distribuer la paix du Christ à la maison.

– La paix du Christ, mamie !
– T'es allée à la messe ce matin ?
La paix du Christ, ma chérie.
Quoi de prévu aujourd'hui ?
– Mon programme préféré : manger, bronzer et dormir ! Comme toujours le dimanche, haha. Peut-être qu'avec les copines, on va aussi aller à la rivière, on verra bien !
– D'accord, viens manger d'abord, faudrait pas que tu fasses une crise d'hypoglycémie, hein ?
– Non, mamie, haha, j'ai de la réserve, ça va aller !

Et nous prenons le petit déjeuner ensemble ! Petit à petit, les autres se réveillent et se joignent à nous pour le café, on les appelle à tout va, même ceux qui passent devant la maison « café, *haere mai tāmā'a*, viens manger ».

Du partage aux abus

Le partage est inscrit dans nos gènes. Nous partageons parce que nous aimons ça. Pourtant, c'est une habitude qui se perd au fil du temps. En effet, l'ouverture de la Polynésie à l'international a permis l'expansion de notre économie, notamment grâce au tourisme, et cela a entraîné de nombreux changements. L'image du paradis sur Terre, héritée de Bougainville, a laissé une trace indélébile dans le cœur de nombreux voyageurs. La Polynésie est devenue une destination de rêve, le rêve d'une vie, même. Beaucoup de touristes, séduits par un accueil coloré et chaleureux, décident de revenir, parfois même de s'installer, surtout les métropolitains, les *FARĀNI*[19], comme on les appelle.

Les Polynésiens aiment partager, et les *FARĀNI* aiment prendre, du moins, une grande partie de ceux qui arrivent chez nous avec une attitude *TE'OTE'O*[20], hautaine. Ils sont nombreux à s'être servis généreusement, jusqu'à ne plus rien laisser aux Polynésiens, trop généreux, qui se sont retrouvés privés de leurs possessions. Ils ont partagé leurs fruits, leurs légumes et leurs poissons. Ils ont ouvert les portes de leurs maisons, comme ils l'ont toujours fait, comme nous l'avons toujours fait ; et le *FARANI* en profitait allègrement.

Un jour, pourtant, les Polynésiens ont compris ! Quand ils ont demandé en retour et qu'on leur a répondu : « Ah non, ça, c'est à moi ». À toi ? Et voilà comment on a commencé à parler de possession. Ils ont été dupes, mais ils ne le sont plus. Aujourd'hui, ils ne partagent plus, ils n'ouvrent plus les portes de leur maison ; et, s'étant généreusement gavé, le *FARANI* ne comprend pas ce sevrage de générosité, alors il continue son exploitation et c'est là que les Tahitiens se fâchent. C'est là qu'ils s'énervent, or nous n'avons pas la même façon de régler les problèmes – chez nous, on ne parle pas : quand les esprits sont échaudés, ça tape. Voilà comment nous faisons face à des conflits de plus en plus nombreux de jour en jour.

19. Français de métropole.
20. Arrogants.

Aitau : la loi des 30 ans

Si A possède un terrain qu'il prête à B et que B y réside pendant plus de 30 ans, B peut prétendre à la propriété du terrain et le réclamer. De nombreux Polynésiens ont perdu des terres ainsi.

'AITAU : c'est comme ça que ça se disait avant.

'AI = manger + *TAU* = le temps : manger du temps.

Nuisances sonores

Le *HEIVA* est l'événement culturel le plus attendu en Polynésie. C'est la présentation de nos légendes, qui vont être dansées, contées, déclamées avec passion et ferveur au cours du mois de juillet. Avant, ça s'appelait *TIURAI*, qui signifie littéralement « juillet » en tahitien. C'est un concours qui va voir s'affronter plusieurs troupes d'amoureux de la culture polynésienne pour partager leur passion. On peut y admirer des amateurs et des professionnels performer en *'ORI TAHITI*[21], en *HĪMENE*[22], en chant et en musique – des percussions, souvent. Dès le mois de mars-avril, les artistes se retrouvent après le travail et répètent jusqu'à 21 heures, voire 22 heures, en fonction des besoins de la troupe, dans tous les endroits qu'ils trouvent : cours d'école, parkings de mairie, terrains vagues… Tout lieu inoccupé devient une salle de répétition pour présenter le spectacle le plus époustouflant possible. Sauf que, d'après les lois françaises, afin de préserver la tranquillité de chacun, toute activité entraînant des nuisances sonores ne peut être exercée qu'aux horaires suivants :

- du lundi au vendredi de 8 h 30 à 12 heures et de 14 heures à 19 h 30 ;
- le samedi de 9 heures à 12 heures et de 15 heures à 19 heures ;
- le dimanche et les jours fériés de 10 heures à 12 heures.

21. Danse tahitienne.
22. En chant et en musique.

Désormais, il n'est plus rare de voir débarquer la police sur les lieux de répétition, appelée par un riverain se plaignant du tapage nocturne. Et notre culture s'en trouve encore une fois bâillonnée. Or, nous ne sommes pas en France, mais en Polynésie ! Même s'il s'agit d'un territoire français, il ne s'en trouve pas moins à quelque 15 000 km de la capitale ! Notre identité est-elle si peu importante pour être ainsi méprisée sur les terres où nous avons grandi ? Devons-nous vraiment arrêter d'être qui nous sommes, abandonner notre identité en dehors des horaires de tapage autorisé, pour satisfaire quelqu'un qui ne comprend même pas ce que *HEIVA* signifie ?

Brigitte Olivier, journaliste retraitée de *Polynésie La Première*, la chaîne d'information locale, a d'ailleurs récemment pris la parole sur le sujet en publiant une lettre ouverte, dont voici un extrait : « Rien ne vous retient. Pourquoi voudriez-vous changer un pays qui n'est pas le vôtre ? Exiger de sa population des comportements qui vous agressent moins ? Ce pays est beau, doux, fier. Ses habitants sont polynésiens. C'est-à-dire à des années-lumière de vos références. Vous exigez sans arrêt qu'ils se justifient et deviennent européens… Mais ils ne le sont pas. »

Tu vois ? C'est exactement ce que je veux dire par là. Il est bien trop aisé de faire en fonction de nos propres valeurs, simplement parce que c'est ce que nous connaissons. Pourtant, il est bien mal avisé de faire ça chez quelqu'un d'autre.

Te purōmu[23]

Quand on conduit, à Tahiti notamment, et qu'on arrive à un croisement, les conducteurs vont laisser passer les autres voitures au fur et à mesure. Chacun son tour, on avance ensemble. Là encore, souvent, le *POPA'Ā*[24] va s'empresser de coller le conducteur devant lui, pour ne pas laisser passer celui qui a besoin de s'engager, comme si ça allait le faire arriver plus vite ! C'est fou !

Un jour, un copain m'a dit : « Chez nous, il n'y a que les citrons qui sont pressés, pour faire des mojitos. » Et, j'ai trouvé ça très vrai ! D'ailleurs, quand quelqu'un est pressé au point d'écraser son klaxon parce que la personne devant lui n'a pas été assez réactive pour avancer, il n'est pas rare que celui qui le précède sorte de sa voiture, échaudé, pour demander, c'est quoi ton problème ? On réagit assez vite, assez fort, alors fais gaffe !

Gestion des conflits

Ça me rappelle la fois, où, en passant à vélo à Mo'orea, devant un terrain, j'ai vu un panneau très drôle où étaient inscrits les mots suivants « TABOU, ENTRÉE INTERDITE, SOUS PEINE DE COUPS ». Tout est dit. Ici, on ne se prend pas la tête avec les barrières qui peuvent exister en France. Chez nous, ça bouge ! Et vite !

Voilà comment le métropolitain à l'esprit colonial *(attention, tout le monde n'est pas comme ça)*, venu s'installer en Polynésie pour s'offrir un autre cadre de vie, va contacter les autorités pour dénoncer ces nuisances.

Je me souviens aussi d'un jour où on était dans notre maison à Mo'orea, en train de déjeuner tranquillement, quand des promeneurs ont enjambé le caniveau pour se servir de nos fruits de la passion qui poussaient sur les plantes qui servaient de clôture.

23. La route.
24. Blanc métropolitain.

– Mais quel culot ! avait pesté papi Ho. Comment osez-vous vous servir chez nous ?
– Quoi ? Vous en voulez ? avait répondu l'indélicat.

Le sujet n'est pas ici de savoir si nous en voulions ou non. La route est publique, mais les terrains sont privés : ce n'est pas parce que nous n'avons pas de clôture, comme en France métropolitaine, que nos biens sont à la disposition de tous. *Tu vois où je veux en venir ? Imagine que t'aies planté un pommier sur ton terrain, que quelqu'un passe par la route et se dit : « Je prendrai bien une pomme dans ce jardin-là » et qu'il vient se servir ? Ben c'est ce qui se passe chez nous. Et c'est comme ça depuis que je suis petite ! Il y a de grands conflits culturels qui nous opposent !*

Voilà comment s'explique la montée en puissance des groupes indépendantistes chez nous !

La vie à Tahiti, en politique[25]

Le *Tāvini Huira'atira*, « les bleus »

Ce sont ceux qui militent auprès de l'ONU pour que la Polynésie française devienne indépendante. Le problème, c'est que, nous avons désormais un mode de vie très occidental. En l'espace de trente années d'essais nucléaires, nous sommes passés d'une économie pré- à postindustrielle. Le pli n'a pas été pris correctement, nous avons tous les vices d'une société développée, sans avoir appris à gérer tout ce qui arrivait. Chez nous, la voiture peut être utilisée pour un trajet de 500 mètres, et le scooter pour un trajet inférieur à 100 mètres ! Entre 2000 et 2015, les hydrocarbures représentaient près de 40 % du volume importé, dont près de 28 % sont destinés à la production d'électricité.

Si demain on devenait indépendants, cela signifierait que notre monnaie, le franc Pacifique, ne sera plus indexé sur l'euro, et notre valeur sur la scène internationale diminuerait drastiquement. Nous n'aurions plus les moyens d'importer autant qu'on le fait actuellement, ni de nous déplacer en voiture, ni même d'acheter de voiture ou de construire des maisons. Il faudrait retourner à un mode de vie d'avant le CEP, et résister aux propositions alléchantes des différents pays qui voudront prendre possession de la PYF et sa zone maritime de premier choix !

(Je rappelle, près de 5 millions de kilomètres carrés !)

25.

Les Tāhō'ēra'a Huira'atira, les « orange »

Face aux bleus, ils représentent les autonomistes, avec le groupe de Gaston Flosse. Né en 1931 à Rikitea *(d'où est originaire mamie Ho)*, il est l'une des figures emblématiques de la politique polynésienne ! En 2024, âgé de 93 ans, il a même fondé un nouveau parti politique, après avoir quitté celui auquel il appartenait après des désaccords internes ! Lui, il a été président de 1984 à 1987, puis à nouveau de 1991 à 2004 ! Par la suite, il a continué à œuvrer pour la Polynésie au travers de nombreuses actions, malgré des condamnations dans des affaires d'emplois fictifs et autres malversations devenues des légendes urbaines parmi les générations qui l'ont connu.

Par exemple, l'histoire de JPK ! Tu vois, ça c'est un truc qu'on nous racontait des fois, en mode : « Ouais, faut pas trop faire confiance au vieux lion (c'est comme ça qu'est surnommé Gaston), rappelle-toi de l'affaire JPK » !

Jean-Pascal Couraud[26]

« JPK » était un journaliste pour Les Nouvelles de Tahiti, *dont il devint le rédacteur en chef en 1986. Adversaire déclaré de Gaston Flosse, il publie en 1988 un article qui énerve suffisamment le vieux lion pour que celui-ci l'oblige à démissionner. JPK a ainsi plus de latitude pour s'engager davantage en politique, notamment au côté de Boris Leontieff, également farouche opposant à Flosse, sur qui il enquête de plus belle.*

Le 15 décembre 1997, JPK disparaît du jour au lendemain. Au début, on a cru qu'il s'agissait d'un suicide, qu'il s'était jeté dans la mer, mais son corps n'a jamais été retrouvé et cette version semblait étrange. Quelques années plus tard, un ancien garde de la milice de l'ex-président fera des révélations surprenantes : JPK aurait été enlevé, puis torturé et assassiné pour l'empêcher de divulguer des informations explosives sur de l'argent caché au Japon et des relations secrètes entre Gaston Flosse et certains personnages haut placés, y compris en métropole.

26.

Perso, j'ai entendu dire (oui, oui, comme les concierges de je sais pas où) qu'il aurait été lesté de parpaing avant d'être jeté à l'eau entre Tahiti et Mo'orea… Glauque, hein ?

Pour en revenir à Gaston Flosse, il a été le fondateur du parti autonomiste et a très fortement œuvré au développement de la Polynésie, grâce à ses liens étroits avec Jacques Chirac, qui a d'ailleurs été le parrain de son fils, également prénommé Jacques.

Tu auras sans doute remarqué que j'ai désigné les noms des partis politiques par des couleurs – les « bleus », les « orange » – et il y a une bonne raison à cela. Dans mon pays, le taux d'illettrisme est très élevé, de l'ordre de 26 %. Les codes couleur permettent aux électeurs de voter sans avoir besoin de savoir lire. Ils connaissent le drapeau des différents partis et peuvent ainsi mettre leur bulletin dans l'urne sans se tromper.

On pourrait en raconter des choses sur Flosse, en vrai, comme le fait qu'il a rallié beaucoup de gens en offrant des emplois, des aides financières ou des avantages à ceux qui le soutenaient politiquement, mais c'est aussi au travers de ses actions que le statut actuel de la Polynésie française a pu acquérir une autonomie aussi importante.

Le Tāpura Huira'atira : les « rouges »

Par la suite, Édouard Fritch, alors gendre et allié politique de Gaston Flosse, a décidé de se détacher de l'emprise de son beau-père et de créer un autre parti : le Tapuura Huiraatira. Il est même devenu président ! *Alors je sais plus depuis quand, mais à ce jour, ce n'est plus son gendre, non, non, il a divorcé et s'est remarié par la suite !*

L'outre-mer

Parlons-en, parce que ça créera aussi des débats politiques, hein ? Quand je dis, par exemple, que la Polynésie, c'est français, mais que ce n'est pas en France, ben c'est vrai ! Alors, politiquement parlant, c'est comme ici, en effet, mais, selon la géographie, ça ne l'est pas. Il existe cinq départements d'outre-mer (Guadeloupe, Martinique, Guyane, La Réunion et Mayotte) et six collectivités d'outre-mer (Saint-Pierre-et-Miquelon, Saint-Barthélemy, Saint-Martin, Wallis et Futuna *[d'où papi Ho est originaire]*, la Nouvelle-Calédonie et la Polynésie française). La différence entre être une collectivité et un département réside dans l'autonomie qu'on aura dans la gestion de nos territoires. Par exemple, nous, on a gagné plus d'autonomie notamment grâce au statut rédigé par Gaston Flosse.

Entre 2004 et 2013, il y a eu une période de très grande d'instabilité qui a engendré pas moins de dix changements de gouvernements. J'avais 9 ans quand les jeux de pouvoir ont commencé, donc je ne comprenais rien à ce qui se passait. Ces transitions ont eu un impact considérable sur l'économie locale et le développement du pays. Aujourd'hui, le président du pays est Moetai Brotherson, qui appartient au parti des « bleus », donc il est… *(Je te laisse compléter ça !)*

Bon, ça en fait des pâtés pour raconter ce qui se passe chez nous ! Et ce n'est pas fini, tu t'en doutes, mais avec ça, tu devrais pouvoir sonder un peu à quoi ça ressemble.

NATURE ADDICT

GRANDIR SUR UNE ÎLE
NOUS LIE INÉVITABLEMENT
À LA NATURE
QUI NOUS ENTOURE

C'est l'heure d'aller à la mer ! Avec Reva et Mahe, mes copines, on a préparé la glacière pour la journée : des mangues vertes avec des bonbons chinois, de la citronnade sans sucre, des firi firi et des pua'a rôti que je suis allée chercher ce matin, quoi de plus ? Tout est là !

– On va où ?

– On va à la Maroto ?

– Hein ? À Papeno'o ? Avec ta BANS[27] ? T'as pas peur ?

– Non non, t'inquiète, ça va aller ! Mai [28]!

Pae mou'a[29]

Je t'embarque avec nous hein ? Autant que t'en profites un peu ! Changement de plan, on va pas à la mer, on va à la rivière ! Bon, déjà, le trajet est « long ». Pour nous qui vivons sur une île de 72 km de circonférence, 1 heure de route, c'est se déplacer à l'autre bout du monde. Là, il nous a même fallu 1 h 30 pour arriver à destination, c'était interminable ! Évidemment, avec votre référentiel et vos 10 heures de route pour aller faire du ski, 1 h 30, ce n'est rien, mais encore une fois, je te raconte ça à notre échelle à nous !

Après avoir traversé la ville et vu le jour se lever sur l'île d'en face, le trajet est très agréable. On écoute de belles musiques qui nous mettent bien dans l'ambiance. On rigole, fort, on pleure de rire, on s'esclaffe sans retenue. La vie est magnifique, vue d'ici ! Après avoir parcouru Pape'ete, Pirae, Mahina, on arrive enfin à Papeno'o, où la vallée du même nom s'offre à nous ! À partir de là, on n'a plus de réseau. Heureusement, Mahe a laissé des CD dans la voiture, alors on peut continuer à écouter nos sons préférés.

27. Voiture.

28. Viens. *MAI* est un adjectif directionnel qui oriente le destinataire vers l'émetteur, contrairement à *ATU* qui oriente le destinataire à l'opposé de l'émetteur.

29. Côté montagne.

Imagine, sur ta droite, le flanc de la montagne cache le soleil de ses plantes verdoyantes et touffues. À gauche, une rivière large et puissante, forgée par les crues et les torrents d'eaux qui se déversent continuellement, bordée par les arbres qui forment son lit, et, face à toi, un chemin de terre, creusé de nids-de-poule inégaux et bien profonds !

Ici, les chemins sont tellement mauvais que les loueurs de voitures interdisent à leurs clients de se rendre dans la vallée de la Papeno'o ! C'est indiqué en toutes lettres dans le contrat. Pourtant, il n'est pas rare de croiser des véhicules portant le fameux macaron orange indiquant leur statut. Mais nous, on a autre chose à penser, il faut se concentrer sur la route pour éviter de casser le châssis de la voiture de Mahe – un SUV, quelle idée de prendre autre chose qu'un 4 X 4 pour venir ici, mais c'est son idée, alors allons-y !

Le jour s'installe et les couleurs sont vives. Ici, tous les sens sont en éveil. La nature est plus verte qu'ailleurs, les arbres plus garnis, les fruits plus sucrés, grâce aux rayons du soleil qui brunissent aussi notre peau. Le parfum des arbres se répand dans l'air, chargé d'humidité et de senteurs diverses. Les oiseaux chantent, d'un peu partout ; on peut les voir danser dans le ciel ou les entendre quelque part, dissimulés dans la canopée au-dessus de nos têtes. À tout cela se mêle discrètement la chaleur des rayons qui nous caressent çà et là sur les bras, le corps et le visage en perçant le feuillage. La brise de la vallée rafraîchit une journée qui s'annonce particulièrement chaude !

Mmmh, c'est tellement agréable ! On arrive bientôt là où je veux t'emmener ! Tu es prêt ?

Après une montée qui m'a paru durer une éternité, nous arrivons enfin ! Il fait bon, j'adore ce climat. Il reste juste une petite balade à faire, peut-être 30 minutes, ça devrait aller !

Viens, suis-moi, on descend par là. Oui, juste à côté de la route, c'est bon.

– T'as bien caché la clé ?
– *Oui, vas-y, on y va !*

Et on avance en file indienne. La végétation est dense, les védélias, ces fleurs jaunes qui ressemblent à des minitournesols, nous entourent de toutes parts. Ce sont des plantes envahissantes arrivées il y a bien longtemps. Quelqu'un a eu la bonne idée d'introduire de belles plantes pour rendre le tout encore plus beau ! Pas mal d'espèces invasives se sont vu offrir ainsi l'exil tropical, comme ces miconias, qu'on aperçoit là, ces grandes feuilles vertes sur le dessus, mauve en dessous, dont les racines restent à la surface et empêchent les racines plus profondes d'autres plantes d'avoir accès à l'eau. Ces plantes-là sont terribles, il est presque impossible de s'en débarrasser. Là, voici un escargot endémique d'ici, tout petit riquiqui ! Un jour, un Français s'est dit : « Tiens, et pourquoi pas importer de bons gros escargots en Polynésie, ça ferait un malheur ! » Effectivement ! Ça a fait un malheur, mais pas dans le sens où il l'espérait ! N'ayant aucun attrait pour la chair d'escargot, les Tahitiens, pas curieux, n'ont pas tenté l'expérience, et ce monsieur a lâché ses escargots dans la nature. Ils ont proliféré, à une allure inquiétante, et se sont mis à manger les escargots d'ici. Le gouvernement polynésien a donc fait venir une troisième espèce d'escargots pour manger les indésirables, et c'était tout un bazar, enfin bon. *Bref, voilà un escargot d'ici !*

T'as vu la couleur de l'eau ? Bleu lagon ! Alors que c'est une rivière ! C'est fou comme la nature est belle et qu'elle fait bien les choses ! Ça te plaît ? Ça va qu'on ne t'a pas fait porter la glacière, hein ?

– *Ho'i*[30]*, Reva, c'est ton tour de la porter !*
– Oooh, ça va, t'aurais pu la porter jusqu'à la cascade, à quoi ça sert, tous ces muscles ?
– *À faire joli, tu vois bien !*

Encore un peu et on y est !

30. Ho'i, c'est une façon d'interpeler quelqu'un. En phonétique, on dira quelque chose comme heui/hey/hoy, toujours avec le « H » prononcé.

Après avoir traversé la rivière, on arrive presque au sommet d'une butte recouverte de bambous, de plantes grimpantes et d'autres végétaux de toutes sortes. Le feuillage étouffe les bruits qui viennent de derrière ; plus on avance, plus le silence s'épaissit. En gravissant les marches, un nouveau son se fait entendre. Sourd, il gronde et s'intensifie à chaque pas. La voici ! La cascade de la Maroto ! Surplombant un bassin de la même couleur que la rivière en contrebas, elle offre un contraste saisissant. Un coin d'eau paradisiaque niché au cœur de la montagne. Entourée de cailloux, la cascade se jette du haut de la falaise à ses pieds, chantant sa chute de gouttes qui perlent, imprévisibles. Le soleil point dans un coin du ciel, prêt à s'emparer de notre sanctuaire, la lumière s'intensifie et on aperçoit un espace sombre à l'arrière de la masse d'eau, la grotte qui serait cachée.

Ça me rappelle une légende.

Le légende des trois cascades

Ce n'est pas ici, mais un peu plus loin encore, à Tiarei, dans une autre vallée, que vivait, il y a très longtemps, la fille d'un chef du coin. Elle s'appelait Fauai. C'était la plus belle fille de Tiarei, mais aussi la fille d'un des chefs les plus craints et les plus respectés. Possessif et parano, sans doute, il interdisait aux hommes d'approcher Fauai et même de lui adresser la parole. Elle était *TAPU*, inatteignable, pour quiconque n'aurait pas reçu la permission de lui parler. Cette situation la rendait triste et elle chantait sa peine d'une voix si douce et cristalline qu'elle attirait à elle, sans le vouloir, la gent masculine.

Un jour, en se promenant dans la vallée pour chercher des fleurs, elle croisa le chemin de Tua, un jeune homme, qui ne savait sans doute pas s'y prendre avec les femmes, puisqu'il lui chipa les fleurs qu'elle avait en main et s'enfuit avec ! Effrayée, Fauai poussa un cri de surprise et les gardes que son père avait missionnés pour la surveiller traquèrent Tua, qui avait osé approcher leur princesse, et le tuèrent ! *(Oui, dans les légendes tahitiennes, on n'a pas le temps de se retourner !)*

De rage, la jeune fille prit la décision de ne plus sortir de chez elle pour éviter de causer la mort d'innocents. Pourtant, quelques jours plus tard, sa mère tomba malade et elle dut aller chercher des remèdes pour la soigner. Il fallait des plantes bien spécifiques, dont seule Fauai et une poignée d'initiés connaissaient l'emplacement ! Elle décida de partir au plus vite et de revenir aussitôt sa mission remplie.

Sur le chemin, elle rencontra Ivi, un homme d'apparence fragile, qui se présenta ainsi : « *'O VAI 'O VAU TE'IE 'O IVI ! TE 'IMI ATO'A NEI AU I TE RĀ'AU NŌ'U* » (Je suis Ivi, je cherche des plantes médicinales.)

Pour le protéger, parce qu'il lui avait adressé la parole alors que c'était interdit et que les gardes n'étaient pas loin, elle le mena silencieusement derrière un buisson. Ivi était à la recherche des mêmes plantes dont Fauai avait besoin, et celle-ci était heureuse de pouvoir parler à quelqu'un. Alors, elle ordonna aux gardes de s'éloigner, prétextant le besoin de se recueillir, et en profita pour filer en douce avec Ivi !

Lorsque l'homme comprit qui elle était, il supplia Fauai de s'en aller pour ne pas le mettre en danger. Mais elle refusa en sanglotant, lui conta sa peine et l'implora à son tour de l'emmener ! « *E TĀPUNI 'OE IA 'U, E 'EITA TĀUA E TĀ'Ā'Ē FA'AHOU* » (Tu me cacheras et on restera toujours ensemble !). *Mais quelle idée ! Ne faites jamais ça, hein ? On ne s'enfuit pas avec quelqu'un qu'on vient juste de rencontrer ! Imagine que c'est un fou ! Imagine ! Punaise, on a trop romancé les histoires comme ça, ça va pas du tout ! En plus, elle fait peser sur lui la responsabilité de la cacher ! Pfff, non ! Ça, c'est non !*

Quoi qu'il en soit, dans la légende, Ivi prend Fauai en pitié et se révèle à elle : il est le génie de la vallée. Au même moment, les gardes revinrent sur leurs pas et découvrirent leur princesse discutant avec un homme ! Furieux, ils coururent vers eux, et Ivi déclara à Fauai : « *E FA'AEA VAU NA MURI IA 'OE E TAE NOA ATU I TE HOPE'A* » (Je resterai à tes côtés quoi qu'il advienne !).

Non, mais alors, lui non plus, ça va pas du tout ! Il ne la connaît pas, cette fille-là, elle est juste belle ! Et si c'était elle, la folle ? En plus il lui dévoile son secret ? Et quoi ? Il s'engage à rester auprès d'elle pour toujours ? Soyons lucides ! Toujours, ça n'existe que dans les romans ! Souviens-toi bien de ça !

Face aux gardes qui se rapprochaient, il récita une incantation et ordonna à Fauai de se coller à la paroi tout en faisant de même. Un tonnerre assourdissant éclata du sommet de la falaise. Deux cascades jaillirent à temps pour les recouvrir et les dissimuler aux yeux des gardes. Alors que ces derniers entraient dans l'eau pour retrouver leur princesse, une troisième cascade, plus forte encore, tomba sur leur tête, les assommant. C'est ainsi qu'ils se noyèrent et que Fauai quitta la maison familiale pour s'installer avec sa rencontre du jour !

Alors ? Comment tu as trouvé cette histoire ? En vrai, je rigole en la racontant, mais quand j'étais petite, j'étais fascinée par l'amour !

*

Après nous être installées face à la beauté de la nature, nous dégustons enfin ce que nous avons porté sur ce long trajet. Le sachet de FIRI FIRI répand déjà son délicieux parfum autour de nous. Nous commençons déjà à savourer le PUA'A rôti en admirant la vue. Le jus de canne à sucre fait passer le tout, et on continue de piocher dans les différents mets. C'est la folie d'avoir la chance de vivre ça. C'est pas le rêve de plein de gens ? Et nous, on est là, à profiter de la vie autour de ce bassin naturel tout en sentant la caresse des rayons de soleil sur notre peau. Ici, pas de produits chimiques, ça risque d'embêter la flore et la faune autour de nous. Heureusement, les moustiques ne sont pas trop nombreux, trois ou quatre, tout au plus ! Et avec nos réflexes d'îliennes, on a déjà réussi à en claquer deux. La chance qu'on a, avec Mahe, c'est que Reva est particulièrement blanche, alors elle reflète super bien la lumière. Ces suceurs de sang sont donc bien plus attirés par elle que par nous ! Évidemment, ça ne nous empêche pas de nous faire avoir de temps à autre, hein ? Mais là, ça va. Merci Reva !

Une fois nos rations englouties, c'est l'heure de la digestion. Tu connais, c'est le moment idéal pour somnoler en bronzant avant de se mettre à l'eau.

Tu vois, avec Reva, ça fait plus de dix ans qu'on se connaît. Et c'est aussi elle qui m'a présenté Mahe. On s'est rencontrées à la fac, en licence, après le BTS ! C'était en 2014, c'est fou comme le temps passe. On a sympathisé d'une manière bien singulière. Déjà, il faut savoir que j'ai une passion illimitée pour les crèmes glacées : *l'ice-cream, tu connais !* Et il y avait un marchand de glace qui vendait des petits pots de crème glacée qu'on pouvait remplir à l'infini pour 400 XPF, soit à peu près 3,40 €. Pour une personne seule, ça peut sembler conséquent. Alors, j'ai eu l'idée de trouver quelqu'un avec qui me cotiser et partager la glace ! Ainsi, tous les mardis et les jeudis, à la pause de midi, on allait se faire une glace qui faisait trois fois la taille du pot ! Depuis, on est restées copines et le marchand a arrêté de vendre ce format de glace à volonté ! *C'est rigolo, hein ?*

Après la sieste, c'est l'heure du bain. Il faut grimper sur la falaise le long du bassin pour se retrouver derrière la cascade. Ici, j'ai l'impression qu'une énergie bien particulière m'entoure. La roche dégouline de l'eau de la rivière qui la surplombe. Des 'AUTĪ poussent, çà et là. Face au souffle de la chute d'eau, je me sens si petite. En cet instant, je ressens toute l'immensité du monde. Prenant une grande inspiration, je me dirige vers le point le plus avancé pour me lancer. D'ici, des gouttes perlent sur moi. L'air emplit mes poumons et…

**Plouf* j'ai plongé !*

Traverser la cascade, quel bonheur ! Retrouver les rayons du soleil si chers à mon cœur et, l'espace d'un instant, voler, avant de retrouver la gravité et percer cette eau turquoise.

– AAAAAAH !!! Y A QUELQUE CHOSE QUI M'A TOUCHÉÉÉÉÉ !!!! AAAAAAH !

– Oui, un PUHI sans doute ! haha allez, nage !

Quoi ? Elles se moquent de moi ? Pfff, n'importe quoi, elles aussi, elles auraient crié ! Eh ben, que de sensations et d'adrénaline ! Entre le saut de l'ange de la cascade et l'anguille qui vient me saluer à l'entrée de l'eau, je suis gâtée !

Allez, c'est parti pour une autre légende !

La légende du cocotier

Il était une fois, dans un district de Tahiti, la jeune Hina, princesse de Pape'uriri (appelé aujourd'hui Mataie'a), promise à Fa'aravaianu'u, le prince du lac Vaihiria. Le jour des fiançailles, elle prit la route, avec sa suite, pour rejoindre son Jules et célébrer leur union. Lorsqu'on lui présenta son futur époux, elle apprit avec épouvante que celui-ci était une anguille géante ! Effrayée et prise de court, elle s'enfuit loin, loin, à Vairao, chez le demi-dieu Māui. Fou de rage, Fa'aravaianu'u se lança à sa poursuite au travers des rivières et de la mer !

Jusqu'au soleil couchant, le fiancé éconduit arpenta les flots de Tahiti pour retrouver sa dulcinée. Pour préparer un combat qu'il devait gagner, Māui coupa une mèche des cheveux de Hina, qu'il noua à son hameçon afin d'attirer le prince du lac. Les rayons de la pleine lune naissante faisaient briller l'appât d'un éclat argenté. Fa'aravaianu'u, attiré par l'éclat du leurre, tendit son visage à celle dont il avait reconnu la chevelure. Māui tira alors d'un coup sec sur l'anguille géante, qui se démena férocement. La bataille dura ainsi jusqu'au lever du soleil, jusqu'à ce que Māui réussisse enfin à l'extirper des eaux salées du lagon. Il saisit un coupe-coupe et s'apprêtait à trancher son cou, quand soudain, Fa'aravaianu'u trouva Hina du regard et lui dit :

– Un jour, tes yeux se fermeront face aux miens et tes lèvres se poseront sur ma bouche.
– Jamais, répondit-elle, furieuse.

Māui enveloppa la tête du prince dans un morceau de *TAPA*[31] et avertit Hina : elle devait conserver la tête de l'anguille dans ses bras jusque chez elle, puis l'enterrer.

Ainsi prévenue, la jeune fille se mit en route. Peu après, sur le chemin, elle découvrit une rivière qui lui sembla fort attrayante. Saisie d'une irrésistible envie de se baigner, elle posa son fardeau et se glissa dans l'eau fraîche qui l'appelait. Son bain terminé, elle alla récupérer le sac de tapa et remarqua que celui-ci était vide : la tête de l'anguille avait disparu.

Insouciante, elle se remit en marche, le cœur léger, et reprit le cours de sa vie. Cependant, quelque temps plus tard, une grande sécheresse s'abattit sur la région, causant de terribles dégâts. Les rivières et les cascades disparaissaient les unes après les autres et la végétation flétrissait de plus en plus vite. Pourtant, un arbre robuste se dressait là où la tête avait disparu. Lorsqu'Hina passa à côté, une noix de coco tomba à ses pieds. Entendant de l'eau à l'intérieur, elle décortiqua la noix et y trouva un COCO. Elle y perça un trou et ferma les yeux pour se désaltérer d'une eau douce et sucrée salvatrice. C'est ainsi que les paroles de Fa'aravaianu'u lui revinrent à l'esprit et que la malédiction fut levée. Les cascades rugissaient à nouveau et emplissaient les vallées de rivières et de vie, et les cocotiers repeuplèrent les îles de la Polynésie !

Nos légendes ne sont pas seulement des récits fantastiques, elles représentent aussi une façon de rappeler des gestes d'antan, en l'occurrence, ici, l'ouverture d'une noix de coco. Pour ce faire, il faut repérer les yeux de l'anguille et taper juste au-dessus afin d'avoir accès à l'eau et à la nourriture.

Tu sens ? Cette brise ? Elle annonce une pluie qui arrive, plus froide que celle qu'on a eue dans la journée, alors qu'il n'y a pas de nuages à l'horizon. Enfin, le vent doit être quelque part par là !

31. Étoffe végétale battue.

On ferait bien de quitter la Maroto ! Le frère de mon papa disait toujours que s'il y avait des nuages dans la montagne, il ne fallait pas y aller. Alors là, on ne les voit pas, nous sommes au beau milieu d'une clairière, dans le creux d'une vallée, presqu'au sommet de la montagne, mais la chute de température trompe rarement. Nous devons partir.

Quand les nuages grimpent sur la falaise, ils déversent toute la pluie qu'ils contiennent. Associé à un climat tropical, le volume déversé dans la rivière peut vite provoquer une crue, alors si on entend un grondement, quel qu'il soit, il faut vite monter. Grimpe sur la montagne, accroche-toi aux arbres, peu importe. Il faut prendre de la hauteur ! Et vite ! L'accumulation de flore dans le lit de la rivière peut céder à tout instant et tout emporter sur son passage. De nombreuses personnes ont perdu la vie en défiant ainsi la nature. Heureusement, à Tahiti, on écoute ces consignes. Ça relève de croyances presque superstitieuses, mais ça s'avère très souvent juste !

Rassemblant toutes nos affaires dans une glacière à présent vide, nous ne tardons pas à parcourir le chemin inverse pour rejoindre la voiture.
Cette baignade tombait à point nommé, mais quand le vent nous dit de partir, il faut l'écouter.

Pae miti[32]

Il est 13 heures lorsque nous arrivons à la voiture. Le soleil a réchauffé l'habitacle et, après la baignade dans une eau bien fraîche, je suis contente de retrouver des sièges presque brûlants. Prochain arrêt : la mer !

– Hein ? On va à la mer, hein ?

– Hehe, évidemment ! Où d'autre ?

Nous allons à ma plage préférée ! Elle n'est pas beaucoup plus loin, enfin peut-être 45 minutes de trajet, mais tu noteras que c'est quand même beaucoup moins loin, hein ?

Tu nous accompagnes ? Tiens, je vais te raconter un truc pendant le trajet !

La pointe Vénus

Elle tient son joli nom du capitaine James Cook qui, pour l'anecdote, s'y est rendu, en 1769, afin d'observer le passage de Vénus devant le soleil et de calculer la distance entre cette planète et la lune. Voilà ! Rapide, efficace ! Tu en penses quoi ?

Un peu trop rapide, pour le trajet qui a duré plus longtemps que cette histoire, mais pas mal quand même !

Nous voici installées à la pointe. Il y a un peu de monde, mais ce n'est pas gênant. Le sable noir est brûlant sous nos pieds, c'est pourquoi il faut garder tes savates ! Les savates ? Les tongs ! Oh il serait temps d'élargir ton vocabulaire si tu restes avec nous !

Allez, viens, on va au bout, à droite, c'est là que le courant est sortant, que l'eau est fraîche et le bain profond !

32. Côté mer.

Ouais, ça me rappelle quand j'ai appris à nager ! Heureusement, ce n'était pas aussi profond que ça. On était à Mo'orea *– face au Motu où j'ai eu cette fameuse conversation avec maman, tu te souviens ? –*, au bord du lagon, quand tonton m'a attrapée et jetée dans l'eau ! Il y avait un chenal avec un courant sortant léger, mais conséquent pour la petite fille que j'étais !

« Maintenant, tu nages si tu ne veux pas te noyer, et… Oh, viens vite, il y a un requin derrière toi ! » furent les deux phrases qui ont débloqué ma capacité à nager ! Ça aurait pu être traumatisant, mais il faut croire que j'étais faite pour ça, puisque j'ai su nager presque instantanément ! Au début, j'ai bu la tasse en cherchant le fond du bout de mon gros orteil, mais à force de volonté et de peur du prétendu requin, j'ai nagé jusqu'au bord ! Les 5 mètres les plus longs de toute ma vie !

À la pointe, heureusement, je sais déjà nager ! Et en plus, j'adore ça ! Me laisser bercer par les flots. Expulser l'air de mes poumons et fusionner avec le lagon. Après avoir bronzé et laissé la chaleur du jour imprégner ma peau, la fraîcheur de l'eau me provoque des frissons. J'ai la chair de poule et je prends plaisir à flotter dans l'eau, le cœur léger.

– T'as du monoï ?

– Yes, tiens. En plus celui-là, c'est moi qui l'ai fait, sens comme il sent bon !

– Ah bon ? Comment on fait ?

FABRIQUER DU MONOÏ

Ingrédients :

- coco râpé
- huile de coude

Préparation :

- Presse le coco à froid et laisse décanter. L'huile se sépare de la crème.

- Récupère l'huile de coco vierge générée par cette décantation.

- Tu peux l'utiliser ainsi ou la faire cuire un peu pour avoir une odeur de bonbon coco !

- Et, une fois refroidi, tu peux aussi ajouter des fleurs, à ta guise !

- Ça prend du temps, parce qu'il faut laisser au lait de coco de décanter, bien que ça ne soit pas compliqué en soit, puis tu récupères l'huile qui flotte au-dessus.

– Mmmh, ça sent trop bon, on dirait les bonbons coco de mamie !

– Et ça, toi, tu sais comment faire ?

– Purée, je suis bien contente qu'on ait appris à faire tout ça quand on était petites ! Maintenant, on est libre de faire tout ce qu'on veut, justement parce qu'on sait le faire !

– Ouaaais, j'avoue ! Imagine si on avait été comme les enfants en France, là. Les pauvres, comment ils vont faire quand ils devront se débrouiller tout seuls ?

– Ben comme d'hab, ils vont sûrement appeler quelqu'un pour faire pour eux !

Et on rigole en nous moquant – gentiment, bien sûr !

L'humour tahitien est bien différent de celui de métropole ! Tant par les expressions que par la façon de voir les choses. Ici, on rigole des gens, mais ça reste gentil, bien que maladroit, parfois ! Mais ça part toujours d'une bonne intention ! *Après, tu connais, le chemin vers l'enfer est pavé de bonnes intentions !*

– Hey ! Il pleut ! On go ?

– Hein ? *TĀ'IE*[33] *NAE*[34] ?

Le classique du parler tahitien : on mélange l'anglais, le français et le tahitien. Ainsi, on entend souvent dans une conversation un mix des trois en même temps, comme « *HEY BRO, TA'IE TĀMĀ'A*[35] *? PO'IA*[36] *AUSSI* » (Hey, frère, on va manger ? J'ai faim aussi.)

33. *TĀ'IE* : mettre les voiles. Autrement dit : on part.

34. *NAE*, vient de ana'e : qui veut dire tous, nous tous, tous ensemble.

35. Manger.

36. Affamé.

D'ailleurs, même dans notre façon de parler, on ressent la culture du partage et de la proximité, au travers du tutoiement. Ici, vouvoyer, c'est malpoli, c'est mettre de la distance avec l'autre, imposer une barrière, comme si l'un était au-dessus de l'autre ! Ici, tout le monde est à la même hauteur. Après tout, la bonne hauteur, c'est quand les pieds touchent le sol ! À partir de là, personne n'est au-dessus de personne. C'est ainsi qu'on s'adresse à tout le monde de la même façon : tu !

– Ben on fait quoi alors ? On peut pas aller à la rivière, il pleut, on va pas rester à la mer, quand même ?

– Ben on est mouillées, de toute façon, ça va rien changer qu'il pleuve, autant rester là, je suis sûre que ça va passer.

– Ouais, on dirait que t'as raison, les nuages vont pas tarder à bouger, mais le vent est un peu frais. Venez, on va dans l'eau, elle est chaude.

– Ben, on reste alors, fiu aussi de changer de spot !

Après avoir négocié rapidement toutes les trois, on se réinstalle sur nos PĒ'UE[37], tandis qu'autour de nous, tout le monde se précipite pour ne pas prendre la pluie. C'est rigolo. Ils étaient littéralement dans la mer, c'est quoi la différence ? Bah oui, les affaires pourraient prendre l'eau, mais est-ce que ça vaut le coup de courir ? Quelle idée ! Courir, y a que les popa'a pour faire ça !

37. Nattes de plage.

BONBONS COCO

Celle-là, c'est sûrement ma recette de gourmande préférée. On n'a besoin que de trois ingrédients.

Ingrédients :

- 1 coco
- 150 g de sucre blanc (mets-en moins, si possible, tente avec 100 g par exemple)
- 1 verre d'eau (quelle quantité ? Comme d'hab : au pif !)

Préparation :

- Râpe le coco à la main, sinon ça ne fonctionne pas aussi bien !
- Caramélise le sucre dans une casserole à feu doux.
- Ajoutes-y le coco râpé à la main et l'eau.
- Laisse cuire à feu fort pendant 5 minutes.
- Remue bien à feu doux pendant 1 heure ! Oui, une heure de touillage ! Bon courage !
- Laisse tiédir. Une fois que ta préparation est tiède, confectionne les bonbons à l'aide de papier huilé (littéralement, du papier avec de l'huile, pour que ça soit plus facile à ôter) et enrobe les bonbons dans le papier.

Petite astuce de ma copine Hinatea en bonus : ajoute du citron pour que ça soit encore meilleur !

TĀMĀ'A MAITA'I

MISS TAHITI

Courir, ça me rappelle quand je courais dans tous les sens pour préparer le concours de Miss Tahiti. Il faut dire que c'est une institution, ici. Chaque année, au mois d'avril, lorsque le nom des candidates est annoncé, c'est l'effervescence sur l'île. On plonge littéralement dans le grand bain, comme je plonge, la tête la première, dans cette eau qui est plus chaude que le vent du large. Sur mon visage, les bulles de l'expiration vont de mon nez à mes yeux et se perdent dans mes cheveux. Cette sensation de légèreté, de liberté, je la chéris à chaque instant. Tandis que mon corps, libre d'air, s'étend sur le sable noir, mes pensées s'envolent vers ces souvenirs précieux.

À l'époque *(j'ai l'impression d'être une vieille, à dire « à l'époque » et « il y a 10 ans »)*, j'avais 21 ans et l'envie de devenir Miss Tahiti ! Mes parents ne voyaient pas ça d'un bon œil. Pour l'une, il fallait d'abord terminer ses études et obtenir des diplômes. Pour l'autre, il fallait décrocher un travail pour participer à la vie financière de la maison.

En soi, je comprends les deux points de vue, hein ? Mais tout de même, quand j'ai vu l'annonce de casting pour Miss Tahiti, je me suis dit « Eeeh pourquoi pas ? », et j'y suis allée, à la one again ! Zéro préparation, zéro connaissance du sujet, comme quand on passe un examen qu'on n'a pas révisé : c'est tout moi !

Malgré leurs réticences, j'ai quand même décidé d'aller y faire un tour et voilà pas que… quoi ? J'ai pas été retenue ? Non, mais, folie ! En plus, avant que j'aie pu leur annoncer quoi que ce soit, mes parents ont vu l'interview que j'avais donnée aux journalistes télé venus filmer les candidates ! Comment je me suis fait allumer en rentrant à la maison !

– T'as rien à nous dire ?

– Hein ? Ah ? Non. Je sais pas. Quoi ?

– Mais pourquoi tu ne nous as rien dit ? Tu sais combien ça coûte de participer à Miss Tahiti ? C'est cher, PAHA IA !

– Mais non, c'est gratuit l'inscription ! Ça ne va rien vous coûter !

– Ah oui ? Et le maquillage ? Et les tenues ? Les chaussures ? Le sport ? Tu crois que c'est gratuit ?

Ah oui, ça, je n'y avais pas pensé du tout ! Mais effectivement, ça coûte cher ! Et pas seulement en argent, mais aussi en temps et en charge mentale !

C'était il y a tellement longtemps, déjà ! Après l'échec de ma première participation, j'ai redoublé d'efforts pour être à la hauteur de ce qu'on attendait d'une Miss Tahiti. Elle doit être belle, bien sûr, puisque c'est un concours de beauté, mais aussi solaire, rayonnante, souriante, agréable, polie, sociable et tellement de choses encore. Avec le recul, je me rends compte que nombreux sont ceux qui ont des attentes envers une Miss, mais rares sont ceux qui comprennent vraiment ce que ça signifie. Moi non plus, je ne mesurais pas l'engagement que ce concours représentait. Après tout, comment aurais-je pu le savoir sans y avoir été confrontée ?

Prenons les choses une par une. Déjà, penser à respirer ! Mes pieds s'appuient sur le fond et je remonte d'un coup pour remettre de l'air dans mes poumons. Le temps est relatif ! D'après Nekfeu, les années passent plus vite que les semaines, et quand on est sous l'eau, ça paraît long et court en même temps. L'air frais s'infiltre dans mes narines et la tête tourne. T'as déjà fait ça, toi ? Expirer tout l'air de tes poumons et rester comme ça, jusqu'à n'en plus pouvoir ?

– On joue à TĪTĪAHO[38] ? Celle qui reste le plus longtemps sans respirer a gagné !

– Ahaha, t'es sûre ? Tu vas perdre *HO'I*[39] !

– MIA[40], TE PLACE[41], allez, 1... 2... (grande inspire) 3 !

Et nous voilà à nouveau la tête sous l'eau. Mes pensées voguent vers cette période de vie, déjà lointaine ! Quand je me préparais pour le concours de Miss Tahiti !

38. Plonger en s'efforçant de rester le plus longtemps possible sous l'eau.
39. Pourtant.
40. Onomatopée qui signifie : quoi ? comment ça ? pas du tout !
41. Tu ne peux pas te comparer à moi – sous-entendu, je suis meilleur.

Au moment où j'ai décidé de retenter l'aventure, j'avais déjà décroché mon master de gestion d'entreprise à l'université de Polynésie française. Il paraît qu'en France, c'est important de bien travailler pendant toute sa scolarité, pour intégrer de bonnes écoles ! Personnellement, je n'ai jamais vraiment compris pourquoi. Déjà, chez nous, quel que soit notre niveau, l'université accepte tout le monde ! Ensuite, à la question « pourquoi il faut aller à l'école ? », la réponse « parce que c'est comme ça » m'a toujours dissuadée de m'investir dans les études. Au fond, quel intérêt de faire quelque chose, juste parce que « c'est comme ça » ?

La bonne réponse concernerait davantage l'avenir, les projets de vie, quelque chose du style : « Parce que ça va t'aider à avoir les outils nécessaires pour bâtir la vie de tes rêves. » Après tout, en gestion, on apprend la comptabilité et, un jour, si on devient chef d'entreprise, il faut maîtriser ce genre de notions pour éviter des ennuis ! De même, la communication et le marketing sont des outils indispensables pour comprendre le principe des interactions et de la vie sociale ! J'ai par exemple appris la *proxémie* : l'idée, c'est que la distance qu'on met avec quelqu'un va caractériser le type d'échange qu'on a avec cette personne. La proxémie varie en fonction des cultures. Par exemple, au Japon, il est inconcevable d'avoir des contacts physiques avec le genre opposé, tandis qu'en France, on se fait la bise pour se dire bonjour. La distance publique, sociale, personnelle et intime, variera en fonction des gens et de leur culture, et ça peut aussi servir dans la vie de couple.

En Polynésie, la distance qu'on met dans un échange est bien plus grande qu'en France ! C'est pourquoi j'ai souvent dû reculer, physiquement, pour me sentir à l'aise dans une conversation avec quelqu'un. Qu'en penses-tu ?

Un autre truc de fou dingue que je remarque chez moi, c'est quand même cette capacité à rebondir sur tout, du tout au tout, et à changer de sujet plusieurs fois dans une même idée !

Du rivage, j'entends, lointaine, Mahe qui compte les secondes qui passe ! En râlant, en plus, parce qu'elle a froid, alors qu'elle a qu'à se joindre à nous dans l'eau, hein ? On est bien !

– 33... 34...
– Allez, je suis fiu ! HA'AVITI[42] PA'I[43] !
– ... 36...

Reva a toujours la tête sous l'eau, et je suis toujours en train de la regarder, avec le sel qui me pique les yeux ! Tu savais que sous les tropiques, l'eau de la mer était plus salée qu'en métropole ? Mince, paraît que penser ça fait griller de l'oxygène aussi... C'est vrai ? Bon, méditons, ne pense à rien.

– 40... 41... Vous avez pas bientôt fini ? 44...

**noir* ferme les yeux, vois le noir, juste le noir...*

– 55... pfff la prochaine fois, je prendrai une grosse serviette... 57...

Reva fait des bulles, ça sent la fin ! Même si, entendons-nous bien, il n'y a pas d'odeur quand on a le nez sous l'eau. Je relâche quelques bulles, moi aussi, ça commence à piquer. Ça fait longtemps que je n'avais pas fait ça ! J'arrête à 100 !

– 77... 78... 79...
– Beeeeh t'as pétéééééé ! Maheeee, Reva, elle a fait des bulles par les fesses !
je crie en sortant la tête de l'eau !
– MA'AU[44] ! Même pas vrai !, elle répond, furieuse.

Et je ris de tout mon cœur ! Elle peste parce que j'ai vu ses bulles, et on rigole de plus belle ! Toutes ensemble !

42. Dépêche, accélère.
43. Eh bien/donc.
44. Débile mental – équivaut à traiter quelqu'un d'idiot.

De toute façon, qui ne pète pas ? Toi ? T'as jamais pété ? C'est faux ! Sinon, tu aurais le ventre tout gonflé. En plus, c'est pas bon de retenir ses pets, ça fait mal au ventre et finalement, le gaz qui aurait dû sortir est assimilé dans le sang, paraît-il qu'il remonte par l'haleine et peut même affaiblir ton système immunitaire ! Il vaut mieux faire sortir ça ! OK ? Allez, pète un coup, tu verras, ça ira mieux !

– RAERAE, tu tiens bien aussi, hein ? Purée va, ex aequo.

– Djo, toi aussi, *TŪTAE*[45], t'es bon aussi !

Entre nous, on s'appelle RAERAE, surtout parce que ça nous amuse. C'est affectueux plus qu'autre chose. En soi, on peut s'appeler par tous les noms. Ici, ce n'est pas tant le propos qui compte, mais la façon dont on le dit. En Polynésie, le respect passe beaucoup par l'intonation, alors qu'en métropole, on se fie davantage à ce qu'on dit !

On reprend notre souffle ! Un *TĪTĪAHO* comme ça, ça tue, en vrai ! Le soleil repointe le bout de son nez et ses rayons reprennent place sur notre peau. Bien que les nuages soient encore présents, on se pose, Reva et moi. La plage a été désertée assez rapidement, mine de rien, il ne reste que des Tahitiens. Les enfants qui étaient partis jouer plus loin reviennent prendre possession de la pointe, et, nous, on écoute le chant des vagues qui s'allient au vent au loin, tandis que l'odeur du sable qui se réchauffe nous titille les narines.

45. Crotte. Ici, plus comme « petite crotte ».

Dépasser les obstacles

Miss Tahiti ! Si on m'avait dit, plus jeune, que je remporterais un jour le concours, je ne l'aurais jamais cru. Je les avais tellement admirées, surtout lors de l'élection de Miss France. Voir Tahiti rayonner à la place de première dauphine trois années de suite, puis deuxième dauphine les deux années suivantes, j'en avais des étoiles dans les yeux.

Mais à ce moment-là, mes parents n'en démordaient pas : pas question que je participe avant d'être diplômée voire d'avoir un travail ! Finalement, après avoir décroché mon master, par un heureux concours de circonstances, j'ai été embauchée, dans le cadre d'un dispositif territorial, comme community manager pour une salle de musculation. C'était mon premier vrai travail ! J'avais bien eu des petits jobs, comme vendeuse de croque-monsieur devant le portail de notre maison, surveillante de l'étude du soir, et même un petit boulot de commerciale pour un site Internet, mais là, c'était un vrai truc, avec un vrai contrat et un vrai salaire, surtout !

Comment ça s'était passé ? Vendeuse de croque-monsieur devant chez moi pour les enfants du quartier, j'ai tenu quoi ? Deux semaines ? Jusqu'à ce que ces mêmes gosses me réveillent à 6 heures du matin un samedi pour en réclamer et que je déclare que j'avais fermé boutique !

Quant à ma courte expérience de pionne en collège, elle m'a surtout permis de mieux comprendre l'agacement de mes maîtresses face à mes bavardages ! C'est pénible, un enfant qui ne fait pas ses devoirs et qui tente de discuter par tous les moyens !

Enfin, pour être commerciale, j'ai dû me mettre à mon compte, avec un statut d'autoentrepreneur, pour vendre des encarts publicitaires dans un magazine en ligne.

Je n'ai pas ménagé ma peine pour trouver pour trouver ma voie ! J'ai même tenté les concours de la fonction publique, pour être gardienne de la paix ou gardienne de prison !

Décidément, elle ne manque pas de ressources, cette dame ! Oui, il m'arrive de parler de moi à la troisième personne !

Puis finalement, community manager pour une salle de sport. Du moins sur le papier. En vrai, j'étais un peu la femme à tout faire : le ménage, nettoyer les machines, assurer l'ouverture à 5 heures du matin ou la fermeture à 21 h 30, remplir les fiches clients ou préparer les shakes de protéines. Autant d'expériences qui allaient au-delà de la fiche de poste, mais qui m'ont appris énormément de choses, mine de rien !

C'était en 2018. Pendant ce temps, je me suis à nouveau inscrite au concours de Miss Tahiti. Âgée de 23 ans, diplômée et employée, plus rien ne m'empêchait, selon les critères de mes parents, de me lancer dans l'aventure ! Je voulais absolument tout payer. Je n'y connaissais rien et, fort heureusement, j'ai été épaulée par ma famille et des amies très proches, qui m'ont accompagnée tout au long. Avec elles, je pouvais parler de tout et de rien ; on se préparait doucement à cet événement : maquillage, coiffure, tenues. Quand on a aucun style vestimentaire, comme moi, on part vraiment de loin !

Il a fallu beaucoup trimer pour arriver à un niveau à peu près acceptable, mais aussi pour faire accepter mon projet à mes parents. C'est notre premier vrai désaccord, la première fois que je m'opposais à eux en tant qu'adulte. J'étais bien décidée à aller à l'encontre de ce qu'ils avaient prévu pour moi, et eux campaient sur leurs positions. Ça a été une période de conflits plus ou moins latents.

Tu te souviens comme il faut avoir l'accord de ses parents pour sortir ? C'est aussi le cas quand tu as envie de faire quelque chose. C'est d'ailleurs toujours beaucoup plus simple de réaliser ses projets avec leur soutien que d'aller à l'encontre de leur volonté. C'est pourtant ce que j'ai fait pour Miss Tahiti. Tu vois, on n'a pas forcément beaucoup de moyens et je n'ai jamais manqué de rien, mais je rêvais d'avoir une nouvelle voiture, or c'était le prix que remporterait la gagnante ! Et pas n'importe quelle voiture !

Cette fois-ci, armée de tout mon courage, j'ai décidé de prendre le taureau par les cornes et d'aller au-devant d'une conversation houleuse. Il y a eu beaucoup de sujets abordés ce jour-là.

– C'est truqué, tu ne vas pas gagner.

– Ah oui ? Et qui va gagner, alors ?

– Je sais pas, mais pas toi. Miss Tahiti, Miss Tahiti, t'as que ces mots-là à la bouche ! Tu crois que c'est ça qui va changer ta vie ? Tu continues à faire comme on t'a dit ou bien tu t'en vas et ce sera pas la peine de revenir.

Pendant cette discussion, pas mal de problèmes ont été soulevés d'un coup. En premier lieu, l'honneur, qui est une partie intégrante de la culture polynésienne : « Ils vont dire quoi, machin et machine ? » Chez nous, on ne prend pas de décisions sans tenir compte du regard de la société.

Ensuite, il y a la remise en question de l'autorité parentale. Là-dessus, il y aurait de quoi écrire tout un livre ! Après tout, nous aussi, les enfants, avons des aspirations et des rêves. Cependant, comme dans mon cas et bien d'autres, il arrive que nos projets divergent de ceux que nos parents avaient pour nous. Malgré tout, nos cœurs savent ce pour quoi nous sommes faits et, parfois, il faut lutter contre l'éducation que nous avons reçue pour suivre notre propre chemin.

Enfin, j'ai pris la décision de réaliser mes rêves, quitte à m'opposer à ce qu'on m'a toujours répété : « Arrête de péter plus haut que ton cul, tu crois que ça se fait comme ça ? » En vrai, réaliser ses rêves n'a rien de bien sorcier. Il suffit de structurer son plan d'action et, surtout, de passer à l'action ! Évidemment, ce n'est pas facile et ça demande du courage. Les plus grands accomplissements ne se font pas en restant dans sa zone de confort. Les parents ont pour ambition la réussite de leurs enfants, tout en les protégeant. Or, la seule possibilité pour eux de les protéger consiste à les guider sur le chemin qu'ils ont eux-mêmes parcouru. C'est pourquoi la plupart des parents veulent que leurs enfants fassent la même chose qu'eux. Ils connaissent ce sentier, ils savent où se trouvent les nids-de-poule, les ornières, les obstacles à éviter ; ils savent que sur cette voie-là, ils peuvent représenter un soutien incommensurable. Néanmoins, rares sont les cas où enfants et parents partagent les mêmes aspirations. C'est ainsi qu'entre les générations, les incompréhensions sont légion.

– Oh, t'as les yeux qui brillent ! Ça va ?

– Ah oui, pardon, je vais aller me poser sur le sable, je reviens tout à l'heure.

– Tu veux en parler ?

– Non, ça va passer, t'inquiète pas. Merci.

Et je m'enfuis. Comme souvent. Ma peine n'appartient qu'à moi, je ne souhaite pas la dévoiler plus que ça. Au contraire, je crois que je préfère garder mes problèmes pour moi. Malheureusement, il y a aussi des instants de faiblesse où la tristesse prend le dessus et s'empare de mon regard. Je la laisse s'exprimer, j'en ai besoin. Allongée sur le ventre, les larmes coulent, mais s'estompent vite. Je sais pourquoi ces mots ont été prononcés. Personne ne veut voir son enfant déçu, ou désabusé, à cause d'un projet incertain. Je le sais bien, mais j'ai besoin de commettre ces erreurs. Et même si la crainte du parent est compréhensible, j'aurais juste aimé être accompagnée…

Pour ce qui est des rêves, tout réside dans le plan d'action qu'on se fixe. J'ai beau me le répéter, les décisions à prendre n'en sont pas moins difficiles. Si tout réside dans l'action, ça signifie que tout le monde peut réaliser ses rêves, mais pourquoi si peu s'y risquent ? Comme dit Orelsan : « Si t'as envie de faire un film, t'as juste besoin d'un truc qui filme, dire j'ai pas de contact ou de matos, c'est un truc de victime. »

Ce n'est pas facile de se lancer. C'est le moins qu'on puisse dire ! Ça demande le courage d'aller à l'encontre de ceux qui ont abandonné ce qui les animait. Ça demande tous les efforts nécessaires pour commencer à structurer et organiser sa pensée. Ça demande plus que de dire : « Mon rêve, c'est… » et laisser le reste à l'imagination. C'est peut-être même la difficulté de ladite décision qui fait sa valeur réelle !

Le prix des rêves

Je suis allée à l'encontre de l'avis parental et me suis lancée corps et âme dans cette aventure exceptionnelle. Pour être prête et ne plus vivre le même échec qu'en 2015, tout avait été orchestré de sorte que je sois au top cette fois-ci.

Si je commençais à travailler à 5 heures du matin *– et je m'arrangeais souvent pour que ça soit le cas –*, alors j'allais faire du sport avant ! Tous les jours, mon réveil sonnait à 3 h 30, pour être à l'heure à ma première séance de fitness, de 3 h 45 à 4 h 40, puis je me préparais pour aller travailler de 5 heures à 13 h 30. Après le boulot j'allais à ma deuxième salle de sport pour déjeuner, puis je faisais la sieste jusqu'à 15 heures. Enfin, je me lançais dans ma deuxième séance 100 % cardio avec Kader jusqu'à 17 heures. Ensuite, je prenais une douche et je filais à la répétition de Miss Tahiti de 18 heures à 20 heures.

C'était un rythme épuisant, que j'ai dû tenir près de quatre mois. C'est un travail de longue haleine que de se préparer pour un concours de beauté, surtout quand notre morphologie ne correspond pas vraiment à ce qui est attendu dans ce type d'événement. Mais ça en a valu la peine, car j'ai été élue Miss Tahiti 2018 ! J'avais tout fait pour y arriver et j'ai réussi.

– ... des bonbons chinois.

– T'as parlé de bonbon chinois ? T'en as ? Moi un ?

– Ah, ça va mieux d'un coup, hein ?

– Oui, les bonbons chinois, c'est magique !

Je vois déjà les gens pas concernés s'offusquer parce que ce serait raciste ou je sais pas quoi ! Nous, on ne se prend pas la tête avec toutes ces manières, ça s'appelle comme ça et puis c'est tout !

« Moi un »

C'est une autre façon de demander quelque chose à quelqu'un !

– Tu t'en souviens Reva ?

– De quoi ?

– Quand j'ai préparé Miss Tahiti ?

– Ah ça, c'était quelque chose ! Tu parles de la fois où on était en licence ou après ?

– Non, après.

– Ben, on allait plus à la mer quoi !

Haha, oui, c'est vrai. Alors qu'on est vraiment bien, là, posées sur le sable chaud. La pointe Vénus, c'est un de mes endroits préférés à Tahiti. Les couchers de soleil sont fabuleux, la mer est la plus propre de toute l'île et, quand il y a des vagues pour surfer, c'est vraiment le meilleur des spots. Allongée sur le dos, je sens les muscles de mon corps se détendre.

Détends-toi avec moi, tiens ! Prends un instant pour respirer et faire une pause, je suis (presque) sûre que tu as tout lu d'une seule traite ! Du bout des orteils au sommet du crâne, tes yeux, tes joues, ta mâchoire, ta langue, se relâchent. Ta gorge, tes bras, jusqu'au bout des doigts, tu te détends. Inspire profondément, fais entrer de l'air dans tes poumons et tes abdos, dans ton dos, tes fesses aussi, puis descends encore, détends tes jambes, tes quadri, tes mollets jusqu'au bout des pieds. Prends une grande inspiration, bloque, relâche fort ! C'est REVA[46] *!*

Allez j'enchaîne !

46. C'est parti !

L'exposition médiatique

Miss Tahiti est l'un des événements les plus populaires qui soient. L'effervescence que le concours suscite transcende les générations. Du plus jeune au plus âgé, tous y vont de leur pronostic, et sur Facebook *(Oui, on est sur Facebook, à Tahiti)* les paris sont ouverts. *Parlons-en, justement !*

Initialement, le but des réseaux sociaux était de rapprocher les gens, de gommer les distances et d'encourager les échanges d'un bout à l'autre de la terre en temps réel. Au début, ça fonctionnait bien, mais aujourd'hui, tout est devenu plus commercial et les valeurs humaines ont été chamboulées. En Polynésie, Facebook regroupe presque l'intégralité de la population. On s'en sert même pour trouver des renseignements, au lieu de chercher sur Google ou Google Map. *Il faut s'adapter aux habitudes locales, alors n'essaie pas de convaincre un Polynésien de se mettre sur d'autres sites, Facebook nous suffit largement !*

Chaque candidate a ainsi une page Facebook, qui sera plus ou moins suivie et qu'elle utilisera pour mener sa campagne tout au long de l'aventure. J'étais la candidate n° 6, et après avoir échoué une première fois, après avoir entendu des mots tels que : « De toute façon, c'est pas toi qui vas gagner » ou encore : « T'es trop grosse pour réussir quoi que ce soit », je me suis quand même lancée corps et âme dans le concours.

Aujourd'hui, on le sait, l'anonymat derrière un écran délie les langues et permet toutes les dérives : critiques à tout va, commentaires haineux… sans penser une seconde à l'impact que cela peut avoir sur la personne visée. C'est ainsi que se créent des mouvements de masse qui n'auraient jamais pu exister en dehors du virtuel, que ce soit pour de bonnes raisons (soutenir des causes, partager une information précieuse) ou de mauvaises (lyncher quelqu'un, faire de la désinformation). Bien évidemment, c'est sans ce recul que je me suis lancée, mais que veux-tu ? Il faut que bien que jeunesse se fasse.

Prends bien garde aux réseaux sociaux. Ils peuvent faire autant de bien que de mal. On peut vite se retrouver vulnérable face à une foule, même virtuelle, mais rappelle-toi bien que ce qui se dit sur Internet ne reflète en rien la réalité, tant en bien qu'en mal. Protège-toi, toujours ! Protège ton cœur des mots que les gens peuvent avoir. Non seulement ils ne savent rien de qui tu es mais, en plus, ils t'inventent une vie.

Au bout du compte, tes projets sont les tiens et, parfois, les gens ne sauront pas comment réagir à quelque chose qu'ils ne feraient pas, alors ils projettent sur toi leurs propres limites. Encore une fois, comme pour les réseaux, ne prends pas ces attaques personnellement. Leurs commentaires les concernent eux, pas toi, alors fonce. Commets tes erreurs et prends tes responsabilités. C'est aussi comme ça qu'on grandit.

Quand j'y pense, plus que les critiques, je revois surtout les sourires du public devant celle qui incarne la beauté polynésienne, qui va représenter le FENUA[47] au concours national, qui va mettre en avant cette culture qui nous anime et qui fait évidemment la fierté de nos îles.

En plus, la miss gagne une Toyota ! Tu savais ça ? Incroyable, non ? Ainsi qu'un magnifique collier de perles, des voyages illimités dans les îles le temps de son règne, et beaucoup d'autres cadeaux pendant l'année.

En vrai, je ne l'ai jamais vraiment avoué, tu le dis pas, hein ? Mais si je voulais participer à Miss Tahiti, c'était surtout pour gagner une voiture. Ma première voiture était synonyme de liberté ! Elle s'appelait Espérance ! Parce que chaque fois que je devais prendre une côte, j'esperais ne pas avoir à mettre la première, sinon c'était la première jusqu'à la fin de la montée ! Ensuite, papi Ho m'a prêté son Kangoo ! Une voiture solide ça ! Je l'ai appelée Aito, qui veut dire guerrier. Torche au début, puis rebaptisée Flash a été ma troisième voiture, une clio 2 bleue électrique qui était aussi ce que j'aime appeler « une voiture piscine ». L'étanchéité de la voiture s'est détériorée au fil du temps et la portière se remplissait d'eau quand il pleuvait, puis ça se déversait par les haut parleurs dans la voiture ! C'est comme ça que je devais prendre ma voiture quand il pleuvait ! Ça fait de beaux souvenirs n'est-ce pas ?

47. Terre.

Les étapes

Plusieurs raisons peuvent pousser une jeune femme à participer à l'élection de Miss Tahiti. Être sélectionnée et faire partie des dix candidates en lice constitue déjà une fierté en soi. C'est une aventure unique, qui permet de faire de belles rencontres et de vivre des expériences nouvelles. Parmi elles se trouvent les futures Miss Heiva, deuxième dauphine, première dauphine et enfin Miss Tahiti. Leur rôle consistera à représenter au mieux la culture polynésienne et à en incarner les valeurs, en portant fièrement l'écharpe de ce concours. La Miss Heiva a pour fonction de faire briller les couleurs de nos légendes lors du Heiva, tu te souviens ? L'événement culturel le plus important de l'année. Le rôle des dauphines sera d'accompagner et d'assister la Miss Tahiti dans sa prise de fonctions : dédicaces, événements, soirées… Ça peut créer un lien très fort entre elles.

En ce qui me concerne, je partais surtout pour vivre une aventure avec d'autres filles. C'était la première fois que je me lançais dans un défi pareil, qui serait aussi l'occasion de revendiquer ma féminité, de m'épanouir en tant que femme ! Les répétitions avaient lieu tous les soirs, de 18 heures à 20 heures, avec cours de *catwalk*[48] *(Je ne suis toujours pas douée pour ça)*, exercices de cohésion d'équipe, activités liées au thème de l'élection, en l'occurrence le MANA.

Le Mana

C'est une force spirituelle qui englobe tout ce que nous sommes : c'est le lien entre le vivant et le non palpable, entre les hommes et la nature, entre le jour et la nuit. Il n'y a pas vraiment de définition qui puisse englober tout ce que ça représente. C'est l'ensemble de ces définitions incomplètes qui préservent le mystère de sa nature et de sa singularité.

48. Marche sur podium.

C'est ainsi que j'ai découvert le centre culturel 'Arioi, un lieu de rassemblement et de vie, comme il en existait aux temps anciens, dédié à la conservation et au partage de ces savoirs ancestraux qui seraient autrement perdus. Hinatea et Moe, qui sont à l'origine de ce projet, nous ont initiées à différents pans de la culture polynésienne.

Nous avons appris à jouer du *TŌE'RE*[49] et du *PAHU*[50], des percussions traditionnelles, à fabriquer du *TAPA*[51] *(comme ce qu'avait utilisé Māui pour envelopper la tête de Fa'aravaianu'u)*, une étoffe végétale battue qui enveloppait les anciens Polynésiens de la naissance à la mort et dont la fabrication a été perdue dans nos archipels à partir de 1840.

Fun Fact

C'est à Fatu Hiva, aux Marquises, que la tradition a perduré pour un usage lié aux menstruations. Fait intéressant, quand on sait que le TAPA est lié à Hina, la déesse de la Lune.

49. Instrument traditionnel de percussion originaire des îles Cook. Il prend la forme d'un bâton de bois que l'on frappe dans un bois creux. Il émet un son sec et profond ou clair, en fonction d'où le bois tape.
50. Instrument traditionnel de percussion, sous forme de gros tambour.
51. Morceau d'écorce tapée, utilisée pour se vêtir, lors de cérémonies ou de rituels.

Nous avons même eu la chance d'assister à la préparation d'un AHI MA'A[52], un four traditionnel à l'étouffée, en terre. Un moment hors du temps.

Faire un MĀ'A DE AHI MĀ'A

Il faut du temps et beaucoup d'énergie. Pour commencer, on creuse un trou de 1 m 50 de profondeur environ, de 1 mètre de largeur et 2 mètres de longueur, puis on met beaucoup de bois qu'on va faire brûler au fond. Une fois que le bois est transformé en braise, on ajoute des pierres plates sur lesquelles seront posés tous les plats à faire cuire : le taro, le cochon, le po'e ! Oh, il faut que je te file la recette du po'e banane aussi ! Au moins celle-là ! Même du FE'E[53], c'est délicieux, ça ! Le tout est recouvert de grandes feuilles et sera enseveli sous la terre tout le temps de la cuisson, soit à peu près 8 heures.

Une fois le temps de cuisson écoulé, on ôte la terre et on récupère les plats. Le bois des braises imprègne la nourriture d'une délicieuse saveur végétale. Ça ne se décrit pas ça, ça se vit ! Ça te dit qu'on essaie de voir si on peut en faire un en France, un jour ?

Nous, on avait tenté au mariage du frère de maman, qui habite dans le Nord ! C'est un souvenir flou de ma première fois en France, mais je me rappelle au moins ça !

– Hé, vous savez faire du po'e ?

– Ben ouais, c'est pas compliqué, hein ?

– Genre ! C'est quoi ta recette ?

52. *AHI* : feu, *MA'A* : nourriture. Nourriture cuite à l'étouffée, préparée traditionnellement.
53. Pieuvre.

PO'E À LA BANANE

Déjà, nous on fait ça avec des pots de glace de 2 litres pour la mesure, donc prends ça ainsi !

Ingrédients :

- 2 pots de bananes
- 1 pot de farine d'amidon
- 0,5 pot de sucre
(je n'ai jamais essayé, mais sans sucre, ça doit être bien aussi !)
- Du lait de coco, en fonction du goût de chacun
- De la vanille
(de Tahiti évidemment !)

Préparation :

- Fais cuire les bananes mûres à l'eau.
- Une fois cuites, écrase-les avec un presse-purée.
- Ajoute l'amidon et le sucre.
- Coupe la vanille dans la longueur et récupère-en la pâte à l'intérieur. Ajoute-la à ta préparation.
- Mélange pour rendre le tout homogène.
- Mets au four à 180 °C pendant 30 à 40 minutes et arrose le tout de lait de coco frais !

Et voilà !

TĀMĀ'A MAITA'I

– C'est bon ? Ou tu veux encore que je t'apprenne à faire d'autres trucs de chez nous ?

– Haha *MEI'A*[54].

Et nous retournons à notre contemplation. Finalement, c'est pas ça, la vie ? Réaliser qu'on n'a pas besoin de plus ? Après, c'est vrai qu'on ne part pas tous avec les mêmes bases. Quand même, je dois avouer que j'ai de la chance d'être née française, sur une île paradisiaque, alors je reformule : la vie est belle, elle est aussi injuste. Nous ne partons pas tous avec les mêmes chances, dès le départ. Imagine : selon le côté de la frontière où tu nais, tu as plus ou de moins de droits, plus ou moins de moyens, plus ou moins de liberté. C'est fou de se dire ça.

Oui, la vie est injuste. Mais après ? Est-ce que ça veut dire qu'il ne faut que subir ? Ben non, au contraire, c'est justement le moment de faire preuve d'opiniâtreté, de te former et de te battre pour obtenir ce que tu veux, non ? Je veux dire, imagine, si j'étais restée à nettoyer les bancs de musculation, où en serais-je aujourd'hui ? Tu vois ? Mais finalement, j'ai saisi une opportunité ! Et ce n'est pas quelqu'un d'autre qui m'a poussée à le faire, c'est vraiment moi qui suis partie l'attraper. « La chance, ça ne se trouve pas, ça se provoque. » Oui. Tout à fait. On ne peut pas dire de quelqu'un qu'il réussit seulement parce qu'il a eu de la chance. Il en a eu, c'est vrai, mais uniquement parce qu'il a fait tout ce qu'il fallait pour qu'elle se présente à lui, qu'elle n'arrive que lorsque le repas est prêt, le couvert mis, et qu'elle n'a plus qu'à mettre les pieds sous la table.

Participer à Miss Tahiti, finalement, c'était pareil !

Je me suis préparée pendant des mois, je me suis rendue à la salle de sport tous les matins à 4 heures, j'ai mangé sain et j'ai continué à cultiver celle que je voulais devenir ! Et c'est seulement comme ça que

54. Banane (insulte gentille).

c'est arrivé ! Pas par chance, pas grâce à quelqu'un d'autre ! C'est arrivé parce que j'ai fait tout ce qu'il fallait pour ça. Et encore, il arrive parfois que même tout donner ne suffise pas. Parfois, tu n'as pas ce que tu veux, parce que tu mérites autre chose. Tu mérites juste quelque chose de différent, quelque chose de plus, quelque chose d'autre. Il s'agit d'apprendre à accepter les choses telles qu'elles sont, tout en allant chercher ce qu'on veut. Tu vois ce que je veux dire ?

*

Dans le cadre de ce concours, trois événements majeurs ont lieu :

1. LE GALA

C'est la première présentation des candidates au public, un dîner-spectacle assuré par les filles, qui vont se relayer tout au long de la nuit pour présenter le résultat des répétitions. Au cours du dîner, les spectateurs votent pour la candidate qu'ils préfèrent et celle qui obtiendra le plus de voix du public figurera automatiquement dans le top 4 de la soirée de Miss Tahiti.

Pour la petite histoire, il s'est passé quelque chose avec le gala ! Avant de m'engager dans quoi que ce soit, j'avais pris le soin de demander si on était limité quant au nombre de tables qu'on pouvait acheter. « Non non, pas de limites. » Je m'étais donc organisée avec mon travail pour avoir une permission spéciale pour terminer à 11h30 un lundi afin d'aller à l'ouverture des places. Je voulais prendre des billets pour ma famille et mes amis, et j'avais réussi à réunir l'argent nécessaire (qui représentait une somme énorme pour moi).

« Je prends cette table, celle-là, celle-là, celle-là, celle-ci aussi, et elle et elle… » Si je m'étais écouté, j'en aurais même pris davantage, mais j'avais quand même réussi à tempérer mon impulsivité. Ça soupirait d'exaspération derrière moi. C'est vrai que j'en avais pris beaucoup ! Enfin, trop aux yeux des autres. J'ai même eu le droit à une crise de larmes par une mécontente ! Oui, mais non, j'ai demandé si on pouvait, et on m'a dit oui. C'est tout. Tu vois, si au lieu de me larmoyer dessus, elle m'avait demandé de racheter mes tables, j'aurais juste dit oui. En revanche, je déteste qu'on joue sur les émotions pour avoir quelque chose. Il a fallu l'intervention de pas mal de médiateurs pour que je cède. *C'est peut-être un problème d'égo ça d'ailleurs. Oh, c'est fou, comme le temps passe !*

2. LE GRAND ORAL

Au cours du grand oral, différents partenaires de l'élection vont interroger chaque candidate sur ses motivations, ses passions et ses ambitions. On y sonde aussi sa culture générale, son éloquence et sa repartie.

J'ai un souvenir bien particulier du grand oral, pour plusieurs raisons ! Déjà, je m'étais réveillée à 3 heures du matin, tellement j'étais stressée. J'avais besoin de nettoyer ma chambre, de ranger mes affaires, de plier mes vêtements. À l'heure de partir, j'étais toujours angoissée. Sur place, on me remet la robe que je dois porter pour l'oral. Rose et noir, avec des motifs fleuris, elle est simple, elle est belle, mais ce n'est pas celle que j'avais choisie. Catastrophée, je file pleurer aux toilettes pour évacuer l'émotion ! J'ai peur, mais je vais quand même le faire, hein ? Mais oh, comme c'est dur ! Les nerfs déjà soumis à une pression conséquente, la surprise de la robe, l'angoisse de l'événement, c'est finalement ma guitare qui parvient à me calmer. Je peux m'y accrocher et serrer les doigts fort dessus pour que les accords sortent correctement et calment mes tourments. Et puis vient mon tour. Face à moi, il y a le jury du grand oral. Dans mon fauteuil Pōmare, les jambes repliées à l'arrière, je réponds à leurs questions, destinées à sonder qui je suis, et si mes propos concordent avec ma personnalité. Je crois même avoir avoué que j'ai pleuré plus tôt pour me soulager. Mine de rien, c'est un moment intense. Et ça s'est bien passé. Je partage avec eux mon angoisse, ma passion pour la guitare. Ils veulent vérifier, alors je vais la récupérer dans la salle d'à côté et je joue pour eux. Je ne me rappelle plus quel morceau, je joue, simplement pour continuer d'évacuer, pour atténuer la crainte, et pour reprendre mon souffle. À la fin, les questions se tarissent et le stress n'est plus. Ça va mieux et je respire à nouveau.

3. L'ÉLECTION

Pour nous, l'élection s'est déroulée le 22 juin 2018. Nous avons été convoquées vers 9 heures pour commencer à nous préparer, nous maquiller, parfaire notre mise en plis, réaliser les dernières répétitions. Tout ça avec la pression qui monte !

22 juin 2018. Ce matin-là, j'ai préparé une petite gourde remplie d'une boisson de mon cru pour m'aider à relâcher la pression ! Sur place, je retrouve les autres candidates. Nous sommes vêtues de paréo, avec chacune son espace attribué. Le mien est le n° 6. Adossée à un mur, entre les tables, je regarde les gens s'affairer.

Au fond, à gauche, il y a l'équipe de maquillage. Les maquilleuses ne sont pas nombreuses, mais elles savent parfaitement manier les pinceaux – appliquer la base, faire les retouches… – pour nous mettre en beauté. À droite, le coin des coiffeurs. Eux aussi ne sont que quatre pour réaliser les mises en pli de toutes les candidates.

La journée est passée si vite. Tout s'est enchaîné et, soudain, c'est le moment ! La soirée de Miss Tahiti est sur le point de commencer. L'effervescence est au max. J'attrape ma gourde pour me détendre. La douceur de la liqueur d'amande se mêle à l'acidité du citron et au piquant du soda que j'ai ajouté. Ça me fait du bien. Le spectacle va commencer. Nous sommes dix à nous être préparées, toutes ensemble, pour la soirée. Les tableaux vont débuter. Le premier est la présentation en tenue de ville, où on chante un **HĪMENE TĀRAVA TAHITI** *au son des* **PAHU**. *Les encouragements des spectateurs nous galvanisent.*

Vite, on doit changer de tenue, faire le passage en maillot de bain. J'ai peur ! Dans ma mémoire, j'entends encore les railleries sur mon corps « T'es trop molle, trop grosse ». On m'appelait même « Rantanplan », tellement j'étais nonchalante. Pas ce soir. Ce soir, je m'amuse.

Sur scène, nous rayonnons toutes. Les chorégraphies se succèdent, les rires, les larmes, l'émotion, la foule en délire à chaque passage.

Arrive la présentation de la tenue végétale, destinée à mettre en avant la beauté de notre flore locale. Le thème de ma tenue est l'archipel des Gambiers. Les matériaux sont des feuilles (dont j'ai oublié le nom) savamment tressées. Je me trouve sublime. Mince ! Impossible de fermer la robe, comment on va faire ?

Chris, mon copain coiffeur, attrape une épingle qu'il arrive à incruster dans la tenue. Mon souffle se fait plus court, la tension monte, mais ce n'est pas le moment de paniquer : il faut aller défiler. Tout doucement, je m'avance sur la scène dans cette magnifique tenue pastel. Tout va bien se passer. Doucement, pas à pas, je défile sur le proscenium pour mettre en avant la robe que mon amie Titaina a confectionnée. Une fois le passage en costume végétal terminé, nous allons enfiler la dernière tenue : la robe de soirée. Rose fuchsia, avec des imprimés locaux, je ne me suis jamais autant senti femme qu'à cet instant. Je suis là, armée d'une parure de perles au cou, marchant fièrement aux côtés de mes copines d'aventure. Nous voici toutes présentes, face aux caméras et aux projecteurs, attendant patiemment l'annonce des finalistes. Une par une, nous sommes quatre à avoir été appelées.

– Miss Heiva, la candidate n° 8, Tihina Ropiteau
Deuxième dauphine, la candidate n° 10, Vehi Boudot !
Miss Tahiti est… avant de continuer, Mesdemoiselles, sachez que vous avez toutes été fantastiques au cours de cette aventure, merci pour ces instants partagés avec vous, merci pour votre présence, votre douceur […], Miss Tahiti 2018 est la candidate n° 6, Vaimalama Chaves ! Et la première dauphine est Emehe Dezerville ! C'est à ce moment-là qu'a été prononcée la phrase qui a chamboulé ma vie :

« Miss Tahiti 2018 est la candidate n° 6,
Vaimalama Chaves ! »

C'est l'euphorie ! La soirée se poursuit jusqu'au bout de la nuit. Mais pas question de traîner, car dès le lendemain, il y a une interview à la maison, je dois donc tout nettoyer ! Ensuite, je passerai au journal télévisé de la chaîne locale. Et ce n'est que le début.

C'est ainsi que s'enchaînent mes journées. Plus remplies d'amour les unes que les autres, de rencontres, de moments symboliques. Bien que terrifiés à l'idée que je puisse échouer, mes parents sont maintenant très heureux de cette victoire, que je leur dois aussi ! Et ils ont maintenant peur de la suite ! Pas sans raison, évidemment, mais n'est-ce pas le propre des parents de s'inquiéter pour leur enfant ?

Nous sommes en juillet, c'est bientôt le HEIVA. Plusieurs groupes vont présenter leurs spectacles accompagnés des dauphines de Miss Tahiti, et surtout de Miss Heiva. C'est formidable ! Les gens me regardent avec des étoiles dans les yeux, l'euphorie est contagieuse, j'aime partager ces instants avec tout le monde !

C'est aussi le rush, parce que c'est également à cette période qu'a lieu la tournée des sponsors. Il faut aller saluer toutes les petites mains qui ont participé au succès de l'organisation de A à Z. Serrer des mains, participer à des déjeuners, des dîners, tout ça tout ça.

J'ai appris à mes dépens que, lors d'une soirée, il faut porter une robe de soirée, autrement dit une robe longue ! Comment j'aurais pu le savoir ? Quand tu n'es pas née dans un environnement où c'est évident, tu ne le sais pas. Rends-toi compte, je me suis fait gronder pour ça ! Alors que personne ne m'avait expliqué, hein ? Une robe de soirée, c'est pas censé être une robe qu'on porte en soirée ? Qu'elle soit longue ou courte ? Ben non, en fait...

J'ai aussi pris cher parce que j'avais refusé une coupe de champagne. Oui, mais là, non, je ne suis pas d'accord. Je ne bois pas d'alcool, alors je ne vais pas faire semblant d'en boire juste pour ne pas froisser un ego. Donc, c'est non.

Je suis vraiment reconnaissante pour cette magnifique couronne et tout ce que ça m'a permis de vivre ! En tant qu'ambassadrice de mon pays, j'ai même été invitée à accompagner un sponsor au Japon pour faire la promotion du *noni*, un super fruit d'ici, avec plein de superpouvoirs pour la santé. Personnellement, je ne trouve pas ça très bon, l'odeur est même un peu écœurante, mais grâce à ce fruit, j'ai pu voyager au Japon ! Fou, non ? L'écharpe m'a offert l'occasion de participer à d'innombrables événements : je me suis notamment rendue en Nouvelle-Calédonie pour évoquer les conditions de vie des femmes dans le Pacifique... et bien sûr, j'ai pu participer à l'événement national que représente Miss France !

Vu comme ça, on pourrait croire que cette expérience n'a eu que du bon, n'est-ce pas ? Laisse-moi donc te donner un point de vue un peu différent !

Un couronnement à double tranchant

Chaque médaille a son revers, et Miss Tahiti ne fait pas exception. Il me semble que l'écriture de ce livre est le moment idéal pour être honnête. Voici les choses dont on ne parle pas.

Quand on est élue Miss Tahiti, on devient FĒTI'I[55] avec tout le monde. Tout d'un coup, des gens qui ne t'avaient jamais regardée avant se mettent à se présenter comme tes tontons ou taties, cousines ou cousins. À raconter : « Je connais bien ta maman/ton papa. » Je ne savais même pas quoi répondre, en vérité. J'imagine qu'en disant ça, les gens cherchent à créer du lien, mais c'est un lien totalement faussé. C'est Miss Tahiti qu'ils ont envie de connaître, pas la personne qui porte l'écharpe. Les gens n'appellent pas d'ailleurs la Miss par son prénom, mais par son statut. J'avais l'impression d'être devenu un objet !

Avec cette écharpe, on est scrutée de toutes parts. Ce n'est pas évident à gérer quand on a toujours été un peu électron libre, comme moi, surtout que j'étais un véritable garçon manqué. Être mal habillée, pas coiffée et pas maquillée, ça ne m'a jamais embêtée. Or, accéder à ce statut si prisé, ça impose des exigences constantes ! Tu ne peux plus dire non, tu ne peux plus être malade ou fatiguée, ou juste avoir tes règles. À tout moment, on attend de toi que tu sois aimable, joviale, courtoise, même quand on te manque de respect. Et neutre, surtout ! Comme si tu ne pouvais pas avoir d'avis !

Je trouve ça lourd à porter. Et je n'avais même pas le droit de le partager parce que sinon, quel genre d'ingrate aurais-je été ? La vérité, c'est que j'ai toujours admiré les gens capables de rester patients face aux indélicatesses des autres.

55. Famille.

Je me souviens par exemple d'une fois où j'étais en train de manger, la fourchette dans la bouche, et où une personne est venue à ma table en me demandant si on pouvait prendre une photo. De toutes les fois où quelqu'un a hurlé : « Y A MISS TAHITI, LÀÀÀ !!! », et rameuté du monde ! Ou encore lorsque je me suis fait attraper par la taille pour faire un selfie, et qu'une fois la photo prise, la personne est partie sans me calculer, ni bonjour ni merci.

Celui-là, il m'a beaucoup énervée. Attends, non mais attends, tu ne sais pas encore le plus fou dans tout ça ! J'ai gagné une voiture, tu te souviens ? Elle était floquée du logo de Miss Tahiti et, comme c'était ma seule voiture, tout le monde savait que c'était moi, que j'étais là et où j'allais ! Un jour, il y a même eu un homme qui a suivi la voiture à la trace et a trouvé où j'habitais. J'ai même été cambriolée ! Parmi les cadeaux que reçoit la Miss Tahiti, il y a aussi un collier de perles d'une valeur minimale de 15 000 € ! Tu te rends compte ? Alors, pendant la journée, quelqu'un s'est introduit chez moi, a cassé la porte de ma chambre et volé tout ce qu'il a pu trouver : mon collier de perles (que je gardais normalement dans ma voiture, mais je m'étais dit que c'était plus sécurisé à la maison [comme tu peux le voir, non]), mon chargeur de téléphone (ça, ça m'a vraiment cassé les pieds) et d'autres broutilles. Mais quand même ! Mon collier ! ET MON CHARGEUR ! Et le pire dans tout ça, c'est qu'il a cassé ce magnifique collier bicolore à trois rangées pour revendre les perles à l'unité et s'acheter du pakalolo ! Du cannabis ! DE LA WEED ! IL A CASSÉ MON COLLIER POUR S'ACHETER DE LA DROGUE !!!!! J'AI LA RAGE !!!!!!

Enfin bon, voilà. C'était la parenthèse mésaventures…

152

Avec ce titre de Miss, je suis devenue une propriété publique : « j'ai voté pour toi, tu dois faire ça pour moi » ; « j'ai voté pour toi, on fait une photo ? » ; « j'ai voté pour toi, tu me dois des sous, voilà ma facture de téléphone. » *(Oui, celle-là aussi je l'ai eue !)* Loin de moi l'envie d'être ingrate, mais quand les gens viennent vers toi pour te demander des choses aussi simples qu'une photo, sans te dire bonjour, s'il te plaît ou même merci à la fin, les quinze premières fois, ça passe, les trente fois suivantes, ça titille, les soixante fois d'après, ça devient agaçant, et finalement, le reste des fois, ça devient franchement pénible. Nous sommes des personnes. Nous avons une sensibilité propre, une capacité d'abnégation limitée et, malgré notre envie de satisfaire le plus grand nombre, il est anormal d'être considéré comme la propriété de tous ! On fait parfois passer le manque de politesse pour de la timidité, comme si c'était une excuse ! Moi aussi, je pourrais feindre la timidité pour aller me cacher. Mais même en étant timide, je reste toujours courtoise ! *Considérez-nous comme des gens ! Purée de patate de pomme de terre !*

En tant que Miss Tahiti, j'ai automatiquement été inscrite au concours Miss France. Je peux vous dire que quand ma valise a été enregistrée par Air Tahiti Nui, et que j'ai embarqué pour l'autre bout du monde, je ne savais vraiment pas où je mettais les pieds. Je n'avais aucune idée de ce que ça impliquait et ce qui allait suivre !

– ... AAAAI !

– Hein ? Quoi, qu'est-ce que tu veux ?

– VAAAAIIII allôôô, tu peux mettre de la crème sur mon dos ? Ça commence à chauffer !

– Et le s'il te plaît, alors ?

– Ben je l'ai dit dans l'intonation ! T'entends rien ou quoi ? T'es peut-être devenue une FARANI !

– Quoi ? Non PAHA IA ! MA'AU !

– Haha allez, s'il te plaît, tu peux me mettre de la crème sur le dos ?

– Oui, Madame ! Allez, vas-y, c'est bon.

Après avoir appliqué à Reva de la crème solaire 50 SPF, je me tartine de monoï ! Chacune son partenaire de plage ! Cette odeur, c'est vraiment une madeleine de Proust, pour moi. Avant, j'en mettais tout le temps. Je ne mettais pas de parfum, seulement du monoï. Ça me donnait l'impression d'être en vacances, comme quand j'allais à la mer, mais j'étais à l'école. Ça me ramenait à Tahiti chaque fois que j'étais loin. C'était un peu comme un parfum réconfortant qui apaise mon cœur quand j'en ai besoin. Un peu comme les fleurs de tiare, ou les colliers de fleurs qu'on nous offre quand on rentre à la maison.

MISS FRANCE

« Pour avoir ce que vous voulez,
il faut renoncer à ce que vous ne voulez pas. »
Laurent Gounelle

Parmi les traditions qui font le charme de mon pays, il y a les colliers de fleurs offerts aux voyageurs à l'arrivée sur l'île. Dès le premier pas sur le tarmac, ils sont ainsi accompagnés du parfum si particulier des tipaniers et des tiare Tahiti, qui ont le pouvoir d'embaumer l'atmosphère et d'emporter les cœurs. Pour le départ, la tradition diffère légèrement. Les colliers de fleurs font place aux colliers de coquillage, et c'est alourdis de ces trésors que nous quittons le Fenua.

Les colliers de fleurs

Autrefois, lorsqu'il n'y avait pas d'aéroport, on venait et partait de Tahiti en bateau. Couronnés de fleurs, les voyageurs devaient jeter leur collier dans la rade de Pape'ete. Si le courant ramenait le collier à Tahiti, cela signifiait que le voyageur reviendrait. Si au contraire, le courant faisait sortir son collier, ça signifie que c'était là son dernier séjour ici.

Avec l'arrivée du transport aérien, la tradition a évolué et ce sont désormais des colliers de coquillage qui sont offerts au départ, pour des raisons phytosanitaires. Ainsi, ces vacances de rêves se traduiront par ces colliers qui deviendront le souvenir impérissable d'une parenthèse hors du commun.

On ne revient jamais intact de la Polynésie, on y laisse toujours un bout de son cœur !

Le jour de mon départ pour Paris, beaucoup de gens m'ont accompagnée à l'aéroport. L'aventure Miss France débute en novembre. La tradition veut que, lorsqu'on quitte nos régions respectives pour se rejoindre toutes à Paris, les Doudous, les filles originaires des Outre-Mer, se retrouvent un jour avant les autres candidates, pour anticiper toutes les distances qui nous séparent de la capitale !

Voilà déjà une semaine que je suis arrivée et que j'ai perdu tous mes repères. En métropole, c'est l'hiver ! On n'a pas le même hiver, hein ? Non seulement le nôtre est en juillet, mais, en plus, les minimales avoisinent 20 °C ! La neige n'existe que dans les congélateurs, et la vapeur qui s'échappe des bouches quand on parle, c'est seulement dans les films !

Ma première impression de Paris en hiver est mitigée. Les gens sont froids, ils boudent, ils courent ou marchent vite, bousculent, crient, klaxonnent. C'est très anxiogène, comme environnement. Malgré la beauté des bâtiments et la richesse de la culture qui nous entoure, l'humeur générale est maussade. Les rares personnes à esquisser un sourire sont souvent des commerçants dans les boutiques ou ceux qui cherchent de la compassion dans la rue. On est bien loin de la douceur des îles et des températures tropicales, ou du contact humain chaleureux du Pacifique. Les vendeurs de marrons chauds emplissent les rues d'une odeur nouvelle. Celle-ci se mélange à celle des bouches de métro et de pots d'échappement. Le froid ambiant me mord les orteils. Et j'ai encore pas mal de choses à récupérer pour que mon kit de Miss soit complet !

Tout ce qu'il faut pour être Miss

Les indispensables en voyage

Miss France, pour moi, c'est comme une colonie de vacances. On se retrouve toutes ensemble pendant un mois pour partager l'aventure d'une vie, dont une semaine dans un pays étranger pour se préparer, avant de regagner la métropole pour le spectacle de fin de colo ! C'est juste que ce spectacle est télévisé !

Nous, on a eu la chance de partir à l'île Maurice pour la préparation, puis à Lille tout court pour le spectacle ! C'était dense ! Petit conseil : quand tu pars en voyage, vérifie toujours ces indispensables, comme l'organisation n'a pas manqué de nous le rappeler :

- passeport valide ;
- carte d'assuré social/carte mutuelle ;
- attestation de responsabilité civile ;
- écharpe régionale *(seulement pour les Miss bien sûr)* ;
- petite trousse de maquillage (pour la photo à l'arrivée) aux normes aéroport en vigueur ;
- et pour toi, n'oublie pas de vérifier s'il faut un visa ou pas !

Aussi, quelle que soit ta destination, il y a d'autres indispensables qu'il ne faut jamais oublier ! C'est, comme je viens de le dire : INDISPENSABLE !

Un kit pharmacie

- déconstipant ;
- antimaux de ventre ;
- antidouleur et fièvre ;
- antivomitif ;
- antimaux de gorge ;
- pommade apaisante coups de soleil ;
- pommade apaisante piqûres de moustiques ;
- prévoir également un traitement spécifique si tu en as besoin : antiaphtes, antiasthme, etc. ;
- antidiarrhéique ;
- antibiotique : imagine, tu tombes malade et ça traîne ! Il faut juste savoir comment l'utiliser ;
- gouttes pour les oreilles : oui ! alors ça, on le voit moins venir, mais, lors de mon dernier voyage, j'ai eu une inflammation du conduit auditif et je peux te dire que celui-là, il est plus qu'indispensable ! Voilà ! ;
- préventif des infections urinaires. Quand tu pars en voyage, tu peux prendre moins le temps de boire de l'eau et te déshydrater. C'est la meilleure façon de choper une cystite et de pleurer chaque seconde qui s'ensuit parce que OUI, ÇA FAIT TROP MAL !

Quel que soit le voyage, il faut savoir être prévoyant et anticiper des soucis éventuels !

Par exemple, notre Nord-Pas-de-Calais *aka NPDC* a eu une rage de dents pendant l'aventure, ça avait l'air vraiment douloureux. Rien de tel qu'un clou de girofle sous la dent pour que ça aille mieux, et d'ailleurs, ça l'a bien aidée !

Il y a énormément de choses à prendre en compte quand on prépare un concours de Miss. Il faut être parée à toute éventualité. Les bonnes comme les moins bonnes. C'est comme prendre une assurance. On a besoin d'être sûr que tout se passera bien et pour ça, il faut une fois de plus anticiper ce qui pourrait se passer. Les événements, la météo, le climat : tout est matière à se préparer et être prêt au moment opportun. Nous, qui avons eu la chance de partir à l'île Maurice, devions porter des vêtements qui nous mettent en valeur, tout en tenant compte du climat tropical et de la culture de cette île de l'océan Indien.

Ça en fait des choses différentes de ce qu'on connaît ! Rappelle-toi qu'en plus, sous les tropiques, les températures, le degré hygrométrique ou le style vestimentaire sont complètement différents ! Comment je vais m'en sortir ?

Les différences culturelles

Habillées d'un maillot, Reva et Mahe sont allongées sur leur *PĒ'UE*. Le soleil qui point à l'horizon continue de réchauffer nos corps, et nous savourons la musique des vagues sur la grève de la plage. Comme le monde change d'un endroit à l'autre ! En termes de mode, nous n'avons que des boutiques de surf, alors qu'en métropole, le choix est immense ! Les métropolitains ne se promènent pas dans la rue en maillot de bain et les robes de plage ne sont pas autorisées à l'école.

Quand j'étais en France métropolitaine, il n'y avait que des enseignes que je ne connaissais que de nom : Zara, B&sh, Sandro, les galeries Lafayette. *D'ailleurs, c'est rigolo, parce que chez nous, Lafayette c'est une plage !* Savais-tu que Lafayette était un marquis ? Gilbert de Motier de La Fayette était un officier et un homme politique français. Sa participation à la guerre d'indépendance des États-Unis face à la Grande-Bretagne lui valut beaucoup d'honneurs, et il fut l'une des figures emblématiques qui ont rédigé la Déclaration des droits de l'homme et du citoyen. Chez nous, beaucoup de noms de lieux viennent de la métropole, mais je n'avais jamais pensé à leur origine ! Je me demandais simplement : pourquoi des lieux chez nous sont nommés en l'honneur de personnalités françaises ? *Je veux dire, vous avez vos héros, hein ? C'est normal, mais nous aussi, on en a !* Par exemple, l'une des personnalités les plus appréciées ici (alors qu'on ne l'a pas connue) est M. Pouvana'a O'opa (1895-1959). C'était un homme politique polynésien favorable à l'indépendance, qui militait pour la reconnaissance des droits politique et culturel des habitants. Il a été député en France en 1946, mais ses prises de position l'ont conduit en prison, où il est mort. *Bon, je suis mauvaise langue, je viens d'aller checker, on a bien des infrastructures qui portent son nom, comme l'aéroport (ça, je ne savais même pas), la place, la rue et les monuments... My bad ! OK, c'est bon, j'arrête !*

Je ne m'étais jamais intéressée à ce genre de choses auparavant ! Mais des histoires comme ça, il y en a à tous les coins de rue ! J'ai appris, en me promenant vers la place de la Bastille, que les points qu'on peut voir briller au sol représentent l'ancien emplacement de la prison qui a été prise le 14 juillet de quelle année ? ... 178... ? T'as la réponse ? Tu t'en souviens ou pas ? C'est de l'Histoire ! 1789, au cas où tu aurais oublié : la prise de la Bastille ! La prison dans laquelle le roi, qui avait à l'époque tous les pouvoirs, jugeait de manière arbitraire et enfermait, selon son humeur, les personnes qui lui avaient déplu !

Ouille, ça commence à chauffer sur le visage et le dessus des jambes, c'est le moment de se retourner pour se dorer le dos. Reva et Mahe font dodo.

Avant, quand on était à la fac, j'allais chercher Mahe tous les mardis à 8 h 30 pour passer la journée à la mer, sur la plage de Vaiava (surnommée PK18), jusqu'à 14 h 30. C'était le temps nécessaire pour la ramener chez elle et retourner à l'université de Polynésie française. À l'époque *(je dis ça comme si j'étais une vieille, encore !)*, j'ignorais encore que le soleil était le pire ennemi de la peau. Alors, pour avoir un joli teint doré, je rappais du curcuma, dont je mélangeais le jus à de l'huile d'olive et du citron. Je sentais bon comme un carpaccio, mais au moins, mon teint était caramel parfait ! Aujourd'hui, je sais que c'est mauvais, mais Jésus a dit qu'il fallait aimer ses ennemis, et ce joli teint doré-là, je l'aime plus que tout ! Alors me voici, tendant les bras à l'astre brillant qui me fait frissonner. Le soleil qui nous caresse doucement la peau, accompagné de la brise marine et du bruit du vent dans les arbres, accompagne parfaitement ce cadre idyllique. *Prends une grande inspire et ça repart !*

*

Retour en France. Me balader en vrai dans des lieux qu'on a étudiés au collège, ça a une tout autre saveur que quand on étudie l'Histoire de loin, sans savoir de quoi on parle ! Nos emplettes terminées, on entame l'aventure de Miss France avec un kit bien complet, rempli de choses dont je connaissais à peine l'existence. Le meilleur étant : les chaussures fermées !

À Tahiti, les températures ne favorisent pas le port de souliers, mais bien de savates ! Pratiques pour aller à la mer après l'école, une aération au max du max, et un couinement régulier dès lors qu'il pleut un peu ! Ce sont des chaussures à toute épreuve ! Mais pas en France ! Non ! Ici, en hiver, on peut facilement reconnaître les Tahitiens : ce sont ceux qui n'arrivent pas à porter de chaussures et qui se baladent partout en savates ! *En tongs, peut-être ? C'est comme ça que vous dites ?*

Quoi qu'il en soit, je faisais partie de ces fous qui portent des savates en hiver – avec des chaussettes quand même, parce qu'il fait froid ! Et là, tu t'en doutes, ça ne colle pas trop avec ce qu'on attend d'une Miss ! Alors j'ai fait comme tout le monde : j'ai appris à marcher avec des chaussures fermées ! *Drôle de sensation, quand on n'a pas l'habitude !*

Le concours

Enfin, c'est dans cet état d'esprit que j'ai intégré l'aventure ! La rencontre avec les autres candidates s'est très bien passée ! J'ai distribué tous les colliers que j'avais reçus en partant, pour leur partager un peu de mon chez-moi, un geste qu'elles ont beaucoup apprécié. D'après les retours d'expérience, toutes les promos Miss France ne se valent pas. Parfois, c'est un groupe de pestouilles qui médisent et créent une mauvaise ambiance. Mais notre promo 2019 est géniale ! On s'entend bien, on est gâtées et on profite d'un séjour de folie à l'île Maurice. Là, nous apprenons davantage sur nous, tout en découvrant cette île de l'océan Indien ! Un nouvel océan de visité, ça m'en fait trois : Pacifique, Atlantique et Indien. Plus que ceux des pôles, et on est bon - *même si, entre nous, originaire d'îles chaudes, je ne vois pas trop l'intérêt d'aller voir les océans gelés de l'Arctique et l'Antarctique.*

Accompagnées de personnalités sociables et joviales, nous avons apprécié nos moments ensemble. Les journées étaient rythmées par Cécile et Olivier, les « chaperons » qui nous accompagnaient partout, et se déroulaient selon un emploi du temps préalablement organisé avec beaucoup de soin.

C'est au retour en métropole que ça a commencé à se corser. À Lille, où nous avons passé le restant du séjour, il n'y avait plus la mer ni le soleil. Dès notre retour, les journées se sont organisées ainsi :

- **6 H 30 :** lever, pour se préparer. On passe à la douche. On petit déjeune. On se brosse les dents. On se maquille et on s'habille toutes dans une tenue identique.
- **8 HEURES :** départ pour la salle de répétition et de danse.
- **13 HEURES :** pause déjeuner d'une heure. Personnellement, je prenais 30 minutes pour faire la sieste au lieu de me ruer directement vers le buffet ! Et après 30 minutes il n'y avait plus personne à table, donc je n'avais plus besoin de faire la queue pour accéder aux plats !
- **14 HEURES :** reprise des entraînements de danse.

• **19 HEURES** : préparation pour la soirée, avec des tenues choisies en fonction des occasions.

• **22 H 30 – 23 HEURES** : retour à l'hôtel. On se démaquille, on se couche et on recommence le lendemain !

Dans des journées denses comme ça, il est important de garder un rythme régulier, au niveau du sommeil, mais aussi dans l'alimentation, en prenant toute l'énergie dont on aura besoin plus tard.

D'ailleurs, ça me rappelle quand l'une des membres de l'équipe de Miss Tahiti m'a dit : « On voit que tu as grossi. Dorénavant, tu ne mangeras plus qu'une pomme par jour ! » Quelle vacherie de dire ça à une femme ! Ce sont vraiment les femmes qui sont les plus féroces entre elles.

Dans cet univers-là, j'ai tendance à penser que beaucoup d'hommes sont gauches et la plupart des femmes, vicieuses. Est-ce que je trompe ? Aucune idée !

Par la suite, j'ai eu la malchance (ou la chance ? Je ne sais pas trop) d'avoir la grippe ! Quelques jours après mes 24 ans, célébrés dans un karaoké, j'ai commencé à sentir la gorge me piquer, ma température grimper. J'avais chaud et froid en même temps, je tremblais tout le temps, et j'avais même seulement 6 de tension !

C'est fou ! J'ai eu la grippe ! Pas la grippe qu'on confond avec un rhume en Polynésie ! Non, la vraie grippe ! Wow, elle m'a vraiment cassée ! Pendant deux jours, j'ai été incapable de faire quoi que ce soit. Même manger était devenu une corvée ! Et finalement, le poids qu'on m'avait demandé de perdre en ne mangeant qu'une pomme par jour a fondu tout seul, puisque je ne pouvais plus rien avaler !

Après un mois de préparation, le jour de l'émission et donc de la finale est arrivé. Ce jour-là, comme lors du concours de Miss Tahiti, on retrouve le lieu où se tiendra la soirée. L'effervescence est de retour. Les coiffeurs et les maquilleurs œuvrent pour nous aider à nous préparer. Entre les loges, la scène et le réfectoire, il n'était pas surprenant de croiser l'équipe technique – toute de noir vêtue pour passer inaperçu à la caméra –, les danseurs – qui rigolaient et s'amusaient pour décompresser avant la soirée – et les candidates, avec plein de pinces et d'épingles dans les cheveux.

Le soir de l'événement, tout s'est enchaîné très vite. Quand je pense que je ne me souviens de presque rien, si ce n'est de ma douleur aux pieds à cause des chaussures !

D'ailleurs, c'était un truc que j'avais dit à Sylvie Tellier :

– Ça serait bien de faire un partenariat avec Scholl, parce que ces chaussures-là, vraiment, elles font trop mal aux pieds !

Apparemment, c'était pas le genre de chose qu'elle avait l'habitude d'entendre de la part des participantes à Miss France ! Curieux ! Haha.

Par la suite, toutes les trente, nous avons performé et présenté ce pour quoi on se préparait depuis si longtemps : Miss France 2019 !

La tenue régionale qu'on avait confectionnée avec mon amie Hinatea était magnifique, recouverte de boutons de nacre que j'avais aidé à coudre, pièce par pièce, en noir et blanc. Elle représentait « TE PŌ E TE AO [56] ». Tu sais ? Le jour et la nuit, le vivant et le mort. Nous avons essayé de représenter au mieux ce pan de notre culture.

Sais-tu comment sont faites les perles ?

Elles sont souvent une intrusion dans une huître, un grain de sable ou un corps étranger que l'huître ne reconnaît pas comme lui appartenant. Alors, pour se défendre, elle va la recouvrir couche après couche de nacre. C'est comme faire quelque chose de beau avec cette intrusion, comme transformer une agression en œuvre d'art. C'était ce que je voyais sur les perles qu'on avait cousues à la tenue. Finalement, la perle est la parfaite représentation de ce que peut signifier TE PŌ E TE AO.

56. Page 193, je t'en dis plus sur ce que ça représente pour nous.

Une fois le tableau de la présentation des tenues régionales terminées, nous sommes parties nous changer, et je n'ai plus jamais revu l'essentiel de la tenue. Elle a disparu.

Les tableaux se sont enchaînés. Après les trois semaines de répétitions, nous connaissions chacune des chorégraphies sur le bout des doigts. Medhi et Alexandra, les chorégraphes, au-dessus de la caméra, nous guidaient pour nous rappeler tous les pas à réaliser dans l'enchaînement des musiques et des tableaux.

Soudain, j'ai été appelée dans le top 12 !

Je dois avouer qu'après m'être entendu dire : « Tu te rends compte que tu es la Miss Tahiti la plus grosse qu'on va envoyer à Miss France », je ne m'attendais pas franchement à faire un top ! Et pourtant, me voici ! Tout en haut des escaliers, prête à prononcer mon speech de présentation. Claire, concise, je l'ai répété, je suis prête :

– Bonsoir Lille, bonsoir la France, ʻIA ORA NA PŌRĪNETIA !

Quelle fierté de déclamer le nom de ma région sur la scène nationale ! Je suis Vaimalama Chaves – et clairement, je n'en reviens pas d'être ici. Pourtant, ce n'est pas le moment de faire dans l'émotion. Les présentations s'enchaînent, les tableaux aussi, je file me changer et la soirée continue. Après la présentation des 12 candidates en tenue de soirée, nous défilons en maillot de bain, et attendons, une fois de plus, d'être appelées.

C'est moi ! On m'appelle encore ! J'en reviens pas... Est-ce que la Miss Tahiti la plus grosse envoyée à Miss France est dans le top 5 ? On dirait bien ! J'ai été appelée. Je ne sais plus quoi penser, j'ai juste mal aux pieds. Je suis fière mais je ne sais plus rien !

Heureusement, Medhi et Alex sont encore au-dessus de la caméra pour nous dire quoi faire. Il reste le tableau en maillot des cinq finalistes, la tenue de soirée, la question du jury. Claudia Tabgbo, membre bonne fée du jury de ce soir, saisit le micro et me pose sa question :

– Si vous aviez le pouvoir de changer quelque chose dans le monde, que feriez-vous ?

La classique, celle-là, non ? Celle de la baguette magique un peu !

Pourtant, à cette question, je suis persuadée qu'il n'y a qu'une réponse possible.

– Pour changer le monde, tout passe par l'éducation, et, comme nous l'avons vu, l'enseignement. C'est un pilier dans notre société. Ainsi, si je pouvais changer les choses, j'encouragerais toutes les générations nouvelles à poursuivre leurs rêves pour que nous créions ensemble une société plus épanouie, plus heureuse.

C'est mot pour mot (ou presque) mon discours ! Ben ça, tu vois, même six ans après, c'est toujours d'actualité, si ce n'est plus !

Après tout ce que nous avons préparé pendant un mois, et après toutes les étapes de ce concours, le grand moment est arrivé. Une à une, nous sommes appelées à nous présenter dans l'ordre !

– La quatrième dauphine est Miss Limousin.
– La troisième dauphine est Miss Réunion.
– La deuxième dauphine est Miss Franche-Comté.
– Miss France 2019 est Miss...

Le steadycam tournait autour d'Ophely et moi pour donner cette dimension profonde et attiser la tension ! Allez, vite ! Vite ! J'ai mal aux pieds !

Suspens de fou dingue, en vrai, alors que, si tu tiens ce livre entre tes mains c'est sûrement parce que tu sais qui je suis mais – suite du suspens –

– Tahiti !

Ça veut dire que je dois garder les chaussures toute la nuit ? Oh là là, mais comment je vais faire ? Oh ! Mes parents sont là, est-ce qu'ils sont contents ? Je suis tellement contente de partager ça avec eux ! Tous, ils sont tous là ! Tous les 4, ça n'est presque jamais arrivé auparavant ! Je suis émue, très heureuse d'avoir gagné pour offrir ce moment à mes proches et à ma région ! 20 ans après la dernière Miss Tahiti ! Quelle fierté ! Mais, ah ! J'ai mal aux pieds ! Mais quand même, je suis devenue Miss France 2019 !

– et la première dauphine est Miss Guadeloupe !

Ce soir-là, après qu'on m'a posé la couronne sur la tête, tout s'est enchaîné un rythme effréné. Mes parents ont tenté de me rejoindre sur scène, mais il y avait tellement de monde que je n'ai même pas vraiment pu les serrer dans mes bras comme j'aurais aimé ! J'ai été happée ! D'abord, il a eu le shooting officiel, la photo qui me représenterait pour l'année à venir. Puis la conférence de presse, où plusieurs journalistes m'ont bombardée de questions. Ils en avaient tellement ! J'étais étourdie, épuisée, mais ravie. Je répondais doucement à tout ce qu'on me demandait, y compris des questions auxquelles je n'avais jamais été confrontée. Enfin, il y a eu l'after de la soirée, où j'ai rencontré les anciennes Miss France ! *Mais quoi ? Quelle folie ! Je les avais admirées de loin, bouche bée, sur ma grosse télé, à Tahiti. Et après avoir eu trois premières dauphines, deux deuxièmes dauphines, nous y étions ! Tahiti ! Nous étions Miss France ! Quelle fierté, mais en même temps, je sais plus trop où j'en suis !*

Pour la suite, nous avions toutes eu pour consigne de préparer une petite valise avec une tenue confortable pour retourner à Paris et nous changer sur le trajet. Loin de penser que j'allais gagner, j'avais glissé un jeans et une chemise de bûcheron ! *Tu te rends compte ? Mais ! Hilarant, non ? J'ai quitté ma robe de soirée pailletée pour enfiler cette tenue relax et des baskets ! Mais c'est quoi cette Miss ? Haha.*

Une fois la soirée terminée, nous avons donc pris une voiture pour faire Lille-Paris. Dans les jours qui ont suivi, le rythme a encore été intense. La première semaine est consacrée à la presse. Ce sont toujours les mêmes questions qui reviennent, et je réponds toujours la même chose :

– C'était un rêve de petite fille ?
– Non, c'était un projet de jeune femme.

– Comment trouvez-vous votre silhouette, par rapport aux autres ?
– C'est-à-dire ?

– Vous êtes célibataire ?
– Depuis l'élection, je suis la fiancée de tous les Français.

– La Polynésie ne vous manque pas trop ?
– Ah non, non, ça va (sarcasme caché).

Ouais… Beaucoup de questions se sont succédé. Celles dont je connaissais la réponse étaient les plus faciles. Pour les autres, il a quand même fallu réfléchir un peu. C'est là que mon identité de Polynésienne se révélait le mieux. Quand j'étais contente, je rayonnais ; quand je ne l'étais pas, ça se voyait ! Mes traits se durcissaient, mes sourcils se fronçaient, même mon nez pouvait se retrousser. C'est allé si vite !

À partir de là, le rythme a changé ! Après la vie parisienne, j'ai pris le TGV de la vie d'une Miss France, et il m'a embarqué en pleine course !

D'ailleurs, c'est la première fois que je me suis rendue dans une gare et que j'ai pris le train ! Je ne savais même pas comment me repérer avec les panneaux. C'était pas évident en vrai ! Dis-toi que mon premier déplacement officiel était à Saint-Avold, dont je n'avais jamais entendu parler ! Et alors il fallait que j'aille sur le quai de quoi ? Mull House ? Prononcé avec un accent anglais approximatif ! « Allô Olivier ? Il faut aller à Mull House ? C'est ça ? Mull House ? Mull House ? Aaaah ! Mulhouuuuse ! hahah » Il était mort de rire… J'étais morte de honte ! Mais comme tu peux le voir, je suis toujours vivante !

Mais ça, c'était plus tard ! Avant, il y avait la tournée média a donné le ton : des appels à tout va, des demandes d'interviews, des journalistes qui m'accompagnaient en me posant des questions auxquelles je n'avais même jamais imaginé de réponse ! Je me suis fait pousser et bousculer encore.

Dans nos croyances, dans nos rapports humains, on cherche toujours la petite bête, le détail qui ferait sensation ! C'est la course au sensationnel ! Tout est devenu matière à spéculer. La liberté qui incarne la devise de la France a disparu comme l'ombre sous la lumière des projecteurs ! Scrutée de toutes parts, il n'y avait plus d'endroit où je pouvais me réfugier, d'autant plus que cet endroit si particulier où je me sentais en sécurité se trouvait à des milliers de kilomètres de là !

Les filles sont encore en train de bronzer… Je trouve le temps long, mais en même temps, tout est relatif ! Après tout, ressasser tous ces souvenirs, ça me fait remonter loin. Le soleil est encore haut dans le ciel, il est chaud, et les clapotis des vagues bercent mes songes. J'ai les mains moites ! Est-ce que ces souvenirs m'angoissent ? Pourtant, il ne me semble pas ! Si ? Enfin bon…

Après mon couronnement, j'ai eu droit à un logement de fonction dans Paris. Ça devenait réel.

Je vais habiter à Paris ? Moi ? Jamais, même dans mes rêves les plus fous, on ne m'avait permis d'être aussi ambitieuse ! Et là, quoi ? Tu te rends compte ? On passe de Tahiti, la vie tranquille dans les îles, à Paris ! La capitale de la mode, de la culture et de l'amour ? Tout en un ? Mais waouh ! J'en suis restée coite ! D'ailleurs, je n'ai même pas réalisé !

Le plus drôle, dans tout ça, c'est que j'espérais qu'en remportant ce concours, je comprendrais enfin ma place de « femme », que la magie opérerait et que je pourrais enfin m'épanouir en tant que telle ! – Plot-twist : pas du tout !

Cette expérience m'a apporté énormément, tout comme je suis persuadée d'avoir donné énormément ! Déjà, sur le plan humain, mon approche tahitienne faisait fondre la plupart des barrières. Dans la tête de beaucoup de gens, je venais d'un pays exotique, sans routes ni grandes villes, où les gens vivaient dans des cases. Venant de si loin, mes faux pas suscitaient plutôt tolérance et sympathie. Le tutoiement qui revenait trop vite, par exemple, quand nous dînions avec des maires ou des politiques ; enlever mes chaussures pendant les séances de dédicaces ; faire des blagues à tout va *(parce que les blagues, c'est ma spécialité, et que je suis trop drôle, en vrai)* ! Tant de différences qui ont marqué les esprits. J'ai commis pas mal d'erreurs, et pour éviter que ça t'arrive, si jamais tu as envie de te lancer, voici les petits conseils que je peux te donner.

Miss : la préparation

Une préparation physique

Il faut être propre et apprêtée de la tête aux pieds, bien sûr, mais aussi être au top jusqu'au bout des ongles. Ce qui veut dire avoir les cheveux parfaitement coiffés, le visage maquillé, porter une tenue adaptée à chaque occasion, et les chaussures qui vont avec, le tout orné d'une fleur à l'oreille et d'un sourire aux lèvres.

LES CHEVEUX :

- Pour les flemmardes, comme moi :
  - si tes cheveux sont bouclés, je recommande de bien s'en occuper selon les conseils que j'ai partagés plus tôt ;
  - si tes cheveux sont lisses, tu peux les laisser lâchés, ça reste propre et joli, d'après ce que j'ai cru comprendre.

- Pour les coquettes :
  - si tes cheveux sont bouclés : fais un joli chignon en utilisant une brosse pour t'aider à bien structurer ta coiffure. N'hésite pas à utiliser de la gomme pour qu'ils restent en place ;
  - si tes cheveux sont lisses, tu peux aussi faire de beaux chignons ou de jolies tresses.

Et pour les chipies comme moi, trouve-toi un copain coiffeur qui pourra te venir en aide, comme Christian Kim a été là pour moi, du début de mon aventure jusqu'au soir de l'élection.

LE MAQUILLAGE

Nous avons tous des formes de visage et des carnations différentes, alors il va falloir faire preuve d'esprit pratique et apprendre à apprivoiser son image pour creuser les traits qui doivent l'être et adoucir les autres, accentuer le regard, atténuer les marques du visage, etc. Les premiers gestes à adopter sont l'hydratation et la protection. Commence par te mettre de la crème hydratante sur le visage, puis de la crème solaire pour te protéger des UV.

D'ailleurs, tu savais que le soleil, le sucre et la cigarette sont les premiers ennemis de la peau ? Fou, hein ? Je l'ai capté bien trop tard, mais heureusement, assez tôt pour éviter le pire !

LES TENUES

Pour ce qui est des vêtements, il y a plusieurs solutions : si tu en as les moyens, tu peux en acheter ! Si tu ne les as pas, comme moi, tu peux en emprunter ! La règle à appliquer, en toutes circonstances, est que ce qu'on te prête doit être rendu dans l'état dans lequel il t'a été prêté !

Différentes occasions nécessitent un type de vêtement spécifique : par exemple, en journée, tu peux porter des robes midi (qui arrivent au niveau des genoux), mais en soirée, il te faut des robes longues.

Quand, à Tahiti, je suis allée à une soirée avec une robe aux genoux, je me suis fait allumer parce que « ce sont des règles de savoir-vivre ».

J'ignore où ces femmes ont vécu, mais clairement, on n'était pas au même endroit que moi, pour exiger que les codes de leur milieu social soient universels !

Avant de devenir Miss, je l'ignorais, mais il existe différents types de chaussures à talons qui te permettent d'apprendre à marcher, mais aussi de passer toute la journée sans avoir mal aux pieds ! Personnellement, je croyais qu'en France, il n'existait que des escarpins, c'était une véritable torture. Ça reste sans doute le souvenir le plus douloureux de toute cette période !

LE MAQUILLAGE SIMPLE ET EFFICACE D'UNE MISS

Après avoir posé une bonne base d'hydratation et de protection :

- utilise un anticerne en pâte (plus facile à appliquer et tient mieux tout au long de la journée) ;
- ajoute-y un peu de contouring pour creuser tes joues
- mets un peu de blush pour les colorer ;
- tu peux utiliser ce même blush sur tes yeux, pour créer une jolie harmonie ;
- ajoute un petit peu de poudre pour fondre le tout ;
- brosse tes cils avec un peu de mascara pour ouvrir ton regard ;
- et la touche finale : le baume à lèvres.

Et voilà ! Si j'avais su me maquiller comme ça plus tôt, je ne te dis pas tout le temps que j'aurais gagné ! Ça aurait été le feu !

Être une Miss à toute épreuve

Psychologiquement : prépare-toi, parce que le plus dur, c'est maintenant ! L'un de mes coachs me disait toujours : « Pour atteindre ce but-là, tu dois agir comme si tu l'avais déjà atteint. » C'est de la visualisation !

Alors, pour toi, comment agit une Miss ? Quel est son caractère ? Quelle est son attitude ? Comment se comporte-t-elle ? Pour moi, être Miss, c'est incarner des valeurs d'élégance, de spontanéité, de curiosité, d'humilité et de cœur. C'est être volontaire, courtoise et dévouée à sa tâche !

En théorie, ça paraît plutôt simple. En pratique, cependant (et là, y a un gros bémol) les interactions sociales impactent grandement notre capacité à mettre tout ça en œuvre. La bonne volonté est la limite de l'Homme, et la patience est une vertu qui se cultive et qui, en société, est utilisée en trop grande quantité.

Imagine la scène : tu discutes tranquillement avec quelqu'un, quand une personne débarque et te coupe en te disant : « On peut faire une photo ? » En théorie, oui, on peut. Mais, dans *ma* théorie, le respect n'est pas une prime d'ancienneté, et il n'est pas poli ou même respectueux de couper la parole à quelqu'un pour assouvir un désir aussi égoïste que de faire une photo qui aura été demandée sans le SBAM ! *(Sourire, Bonjour, Au revoir, Merci !)*

SBAM

C'est une technique de communication enseignée en mercatique, qui fait toute la différence ! Si on a une demande spécifique à faire à quelqu'un, demander en appliquant ce principe augmente largement les chances de succès.

Imagine une autre scène : tu es en train de dîner. Tu passes un bon moment et là, de nulle part, quelqu'un arrive et te demande : « Excusez-moi de vous déranger, on peut faire une photo ? » *Ben non... Je suis en train de dîner, personne n'aime être dérangé à ce moment-là !*

Le souci, c'est que, souvent, on a déjà été repérée. Dire oui à cet instant précis, c'est prendre le risque que d'autres viennent pendant le repas et en demandent autant. La bienséance voudrait que le dîner ne soit pas dérangé, mais, face au culot des gens, la bienséance n'existe pas.

– Vous pouvez attendre la fin de mon repas.

– Mais on doit partir maintenant.

– Et moi, maintenant, je suis en train de manger, je ne trouve pas ça agréable d'être interrompue en plein dîner, je ne serai disponible qu'après.

Ça peut te paraître dur, mais on en revient à l'effet du nombre. Combien m'a-t-on manqué de respect ainsi ? En n'appliquant pas ces règles si basiques de politesse ? D'amabilité ? Alors oui, les gens sont timides, ils sont contents de me voir, ils n'auront pas forcément de deuxième chance. Je conçois tout ça, mais essaie de voir ça de mon point de vue : trop de gens se permettent d'être discourtois sous prétexte de timidité, et je n'en peux plus. Humaine et limitée, je ne suis plus en mesure d'encaisser les maladresses des autres.

J'ai réussi à prendre sur moi pendant quelques mois, je me suis rongé les sangs à faire comme si ça ne m'atteignait pas, mais ça m'atteint ! Je suis une personne, pas un objet ! Je mérite le respect, autant que n'importe qui, et ces comportements doivent être maîtrisés. Si on ne signifie pas à une personne que son comportement est anormal, elle ne s'en rendra souvent même pas compte ! Alors qu'il suffirait d'en parler ! Mettre les formes, à l'image du SBAM, c'est la base des bonnes relations en société. Voici les autres règles que j'ai pu répertorier.

LES RÈGLES IMPLICITES

• Si tu ne bois pas d'alcool, il ne faut pas hésiter à refuser un verre qu'on te tend : je ne bois pas d'alcool, et je ne vois pas pourquoi je devrais faire semblant pour éviter de froisser la personne qui me tend un verre. N'hésite pas une seule seconde à dire non.

• Sois toujours polie, envers tout le monde et n'importe qui : au-delà du fait que tu ignores à qui tu as affaire, nous sommes tous égaux. Je trouve scandaleux que certaines personnes soient capables d'écraser les autres sous prétexte qu'ils sont au-dessus d'eux sur l'échelle sociale ! C'est n'importe quoi ! Sois polie, en toutes circonstances, ça te servira toujours. Avec un sourire, on fait passer presque tout, tu vas y arriver, toi aussi !

• Tu peux dire non : c'est sûrement le conseil que j'aurais aimé qu'on me donne dès le début. Tu peux toujours dire non. Quel que soit le sujet, quelle que soit la demande, si tu sens que tu n'es pas en accord avec quelque chose, il vaut mieux faire part de son refus, plutôt que se contraindre à accepter quelque chose qui ne serait pas approprié. Sois toujours sincère, dès lors que tu sais mettre les formes, tu peux tout réussir. C'est de la diplomatie. Je ne la maîtrise toujours pas, mais ça peut t'aider !

• Tu peux dire non, mais sans dire non. Déjà que les gens pensent que tu es à leur service, dire franchement non ne sera pas bien perçu. Trop de gens ont tendance à penser que tout leur est dû. Quelle erreur humaine, encore une fois. Pour éviter les tensions et les ragots, mets des formes à tes non : « j'aurais bien aimé, plus tard, je serai disposée à », « pourriez-vous attendre que… », « malheureusement je ne suis pas disponible dans l'immédiat, je vais vous diriger vers X qui pourra vous aider ». Oui, il faut travailler sa diplomatie et sa créativité. *Et toi, comment est-ce que tu dirais non, sans dire non ?*

Avec ça, tu devrais pouvoir déjà faire beaucoup ! Cette expérience est unique en son genre, c'est pourquoi il faut être capable de comprendre tous ses aspects, surtout si tu veux profiter pleinement de toute l'aventure ! Quelle que soit l'aventure, d'ailleurs, celle-ci ou une autre !

Les conseils et l'expérience

Aujourd'hui, il n'y a plus de limite d'âge pour les candidates, mais, à l'époque où j'ai participé, elles devaient avoir entre 18 et 24 ans. C'est un peu jeune pour avoir le recul et l'assurance nécessaires pour affronter une telle expérience. À cet âge-là, on n'est pas armées pour s'imposer face aux figures aux figures d'autorité qui tenteront de prendre l'ascendant. C'est pourquoi il est important de prendre son temps pour faire les choses. Bien que le timing soit serré, agir sur un coup de tête est toujours une mauvaise idée, et si je pouvais remonter le temps, il y a pas mal de choses que je corrigerais. Comme ce n'est pas possible, du moins pas d'après ce que j'en sais, voici les erreurs à éviter :

• Lis toujours tes contrats deux fois. Oui, l'intégralité et oui, l'intégralité, deux fois ! À tête reposée, on arrive à voir des choses qu'on n'aurait pas vues au premier abord, et on ne s'engage pas sur des choses trop importantes.

• Fais appel à un professionnel pour te seconder dans tes engagements juridiques. Ils ont l'œil pour voir tout ce que nous ne pouvons comprendre. Ayant tes intérêts à cœur, il saura trouver une solution aux dilemmes auxquels tu dois faire face.

• Dépense sagement l'argent que tu gagnes. Bien sûr, quand on a nos premières paies, c'est toujours très agréable de se faire enfin plaisir, de s'acheter de nouveaux vêtements, d'aller au restaurant, de profiter de la vie ! Mais ces choses que tu achètes là sont très dérisoires, elles sont volatiles, et dès qu'elles ont été consommées, elles n'existent plus.

Et si tu envisages de faire des investissements en métropole, alors que tu n'en es pas originaire, n'oublie pas d'y ouvrir un compte en banque ! Renseigne-toi bien sur tous les frais bancaires existants et n'hésite pas à faire preuve de pugnacité pour mettre en concurrence plusieurs enseignes afin d'obtenir la meilleure offre.

Sois même plus maline que ça : essaie de voir comment investir, comment placer tes biens financiers pour qu'ils fructifient.

L'investissement : entre le capital et soi-même

L'un des conseils les plus précieux qu'on m'ait donnés est : « N'oublie pas de capitaliser. » Oui, mais ça veut dire quoi ? *Dis-toi que je ne l'ai compris que cinq ans après... Cinq ans trop tard, en soi, même si, bon, il n'est jamais vraiment trop tard.*

Investir des fonds

Forme-toi à l'argent, renseigne-toi sur ce sujet, essaie de voir ce que tu peux faire à ton niveau. Épargner, c'est bien, mais le cours de l'argent varie, il faut investir !

Imagine ! T'en as un peu de côté et tu peux acheter un petit appartement dans un endroit pas forcément coté ! Tu l'achètes avec un apport minimum et tu as un bien d'une valeur de 150 000 €, puis tu fais des petits travaux et tu le mets à louer à un prix équivalent aux mensualités que tu auras à payer à la banque. En fonction du temps d'emprunt, le locataire remboursera ton prêt, et tu deviendras propriétaire avec un apport minime et un très bon rendement ! Alors, ça, c'est un exemple qui arrive dans le meilleur des cas, mais le meilleur n'arrive pas toujours. Rappelle-toi surtout que ça n'arrive pas qu'aux autres.

Pour investir, les choses les plus importantes sont l'investissement en soi et l'investissement dans la terre. Quand on investit dans ces deux domaines, on est sûr de gagner par la suite ! Forme-toi, à fond dans ton travail ou par des formations, quelles qu'elles soient, si tu peux, aussi dans des terrains ! C'est ce qui te permettra de faire fructifier la terre par la suite à son tour.

C'est une question de chance, mais surtout d'action ! La différence entre ceux qui réussissent et les autres réside dans la capacité de chacun à se mettre en mouvement. Tout le monde peut avoir une idée de génie, mais qui fera les efforts nécessaires et prendra les risques qui s'imposent pour atteindre ses objectifs ?

Il y a une chanson de motivation que j'écoutais souvent, qui disait mot pour mot, en anglais :

« La vie peut être difficile et exigeante, mais pour y faire face, il n'y a que la discipline. Elle t'aidera à sortir de toutes les situations compliquées. Ça nécessitera des efforts, parfois même des sacrifices, mais si tu n'es pas prêt à donner tout ce que tu as et à faire les sacrifices qui sont nécessaires, alors tu ne mériteras pas la récompense due et tu n'auras rien de plus. »

La discipline ! C'est un sujet que j'ai dû bûcher fort ! Plusieurs fois, d'ailleurs, pour Miss Tahiti, Miss France et Miss Bikini Fitness, par exemple ! Mais attends, on en reparlera quand ça sera le moment ! Déjà, terminons sur le sujet de l'investissement !

Quand je suis devenue Miss France, j'ai commis beaucoup d'erreurs. Les excès de la jeunesse, c'est aussi ce qui fait la beauté de la vie. Mais elle est éphémère, et il serait dommage de compromettre ton avenir pour satisfaire un plaisir immédiat au détriment d'une sécurité future.

Parmi ces erreurs, il y a celle consistant à faire des choses avec lesquelles je n'étais pas en accord. Essaie de connaître tous les tenants et les aboutissants avant de donner ton accord. Par ailleurs, même si ça ne relève pas d'un raisonnement logique démontrable, tu sais déjà ce qu'il est bon ou pas de faire. On a tendance à laisser son instinct de côté, pour autant, il connaît particulièrement bien la route à mener.

Et, alors que je prenais des décisions qui étaient bonnes pour moi, certaines personnes dont l'intérêt différait sont venues remettre mes choix en question. J'ai commis l'erreur d'écouter la logique d'autres personnes au lieu de m'écouter, moi, et j'ai répété ces mêmes erreurs, encore une fois.

Il est important ici de prendre en considération deux choses essentielles :

- pour les autres, tu n'es pas le centre du monde, et il faudra faire preuve de courage pour prendre les décisions qui s'imposent et faire appliquer les choix que tu sais que tu dois faire ;
- il y a des personnes qui, elles, auront à cœur ton intérêt avant tout, et qui auront suffisamment de recul pour te faire part de ce qu'elles pensent être bon pour toi. Dans ces moments-là, il faudra aussi faire preuve de courage et admettre avoir eu tort.

L'un dans l'autre, la décision finale te revient et il sera important que tu apprennes à faire la part des choses, afin de faire les bons choix.

Ces prises de position te mettront mal à l'aise, parce qu'elles te poussent à sortir de ta zone de confort. Lorsque ça arrivera, ne te précipite pas. Prends le temps nécessaire à la prise de conscience pour comprendre ce qu'il en est. Ce faisant, tu risques aussi de bousculer pas mal des personnes autour de toi, qui n'ont pas l'habitude de prendre des décisions en se mettant en avant. Ils parleront d'égoïsme, mais laisse-moi te rappeler une notion trop souvent oubliée : l'amour-propre.

Développer sa confiance et son amour-propre

Pour développer ton amour-propre, il faut prendre conscience de la manière dont tu te parles à toi-même. Nous avons tendance à nous dévaloriser, par modestie, paraît-il. Trop souvent, les gens autour de nous en profiteront pour se valoriser eux-mêmes, mais nous n'avons pas à répéter des schémas malsains tels que celui-là.

Alors, la première règle à appliquer est celle des *Quatre Accords toltèques*, de Don Miguel Ruiz :

LA PAROLE IMPECCABLE

Les mots sont puissants. Ils renferment en eux bien plus qu'une simple plaisanterie. Ils mettent en avant de manière inconsciente ce que nous pensons réellement. C'est ainsi que quelqu'un qui dira de lui qu'il est nul se percevra bien moins bien que quelqu'un d'autre qui dira qu'il a une grande marge de progression devant lui. La signification est la même, mais la tournure de la phrase offre un ressenti totalement différent quant à la perception qu'on peut en avoir.

Pour avoir une parole impeccable, tu peux appliquer le test des trois passoires de Socrate. Si ce que tu veux dire n'est ni gentil, ni vrai, ni utile, alors il n'est pas nécessaire de l'ouvrir !

NE PRENDS PAS LES CHOSES PERSONNELLEMENT

Il y aura toujours des gens pour dire ou faire des choses que tu pourrais t'approprier, mais ce n'est pas ton combat et ce n'est pas la peine non plus. Si quelqu'un te manque de respect en t'insultant, rappelle-toi simplement que tu n'es pas ce qu'il dit. Tu étais déjà avant et tu seras aussi après ce conflit. Ton ego a tendance à tout ramener à lui, mais ce n'est pas nécessaire et tu n'as pas besoin de supporter des situations malaisantes comme celle-là. Tu peux partir, tout simplement.

Par exemple, dans la rue, on entend souvent l'insulte « fils de pute ». Jusqu'à preuve du contraire, tu sais que le métier de ta mère n'est pas celui-là, donc pourquoi s'énerver ? Si l'autre a besoin de déverser son venin, il n'est pas essentiel d'en ajouter, le regarder fulminer en silence est tout aussi plaisant.

NE FAIS PAS DE SUPPOSITION

Si quelque chose n'est pas clair, pose des questions. Sans être agressif, sans être sarcastique, établis juste ce qui est nécessaire pour que tout soit transparent de ton côté. Pose des questions pour être sûr de ce qu'il en est ! Ça permet d'éviter pas mal de conflits, d'ailleurs, et c'est pas mal !

On ouvre le dialogue et on laisse la place à l'autre de s'exprimer. Souvent, on va extrapoler et projeter ce qu'on pense et qu'on ressent sur notre partenaire. Dans ces moments-là, plutôt que de se monter la tête dans notre coin, il est bon de faire part de nos doutes à l'autre pour qu'il puisse prendre conscience du problème et dialoguer avec nous.

À côté de ça, il est aussi important de souligner le fait qu'il arrive que nous n'ayons pas la même façon de penser et de voir les choses. Parfois, même la communication ne suffit pas et il devient alors nécessaire de faire des compromis.

FAIS DE TON MIEUX

Si, un jour, tu ne vas pas bien et que le maximum d'énergie que tu peux donner pour la journée c'est 1 % et que tu donnes 1 %, alors tu auras tout donné. C'est le maximum que tu puisses faire avec les ressources que tu as dans l'immédiat. C'est important de te rappeler ça. Nous sommes vivants, notre énergie varie et nous vivons des choses qui vont plus ou moins avoir un impact sur notre capacité à agir.

La vie est trop courte pour qu'on se prenne la tête avec des guerres d'ego ! Alors, fais le tri. Quand tu sens que tu commences à t'énerver parce que tu es offensé pour un truc qui n'en vaut pas la peine, laisse tomber. À ne pas confondre avec quelque chose qui en vaut vraiment la peine !

C'est « désarmée » de ces conseils très avisés que j'ai vécu mes aventures de Miss Tahiti et de Miss France. C'est sans cette confiance nécessaire pour remettre les choses en place que j'ai encaissé des commentaires déplacés de personnes qui faisaient partie de mes références d'autorité, avec des phrases telles que :

1. Tu te rends compte que tu es la Miss Tahiti la plus grosse qu'on va envoyer à Miss France ?
2. On voit que tu as grossi, maintenant, tu ne vas manger qu'une pomme par jour.
3. On ne vient pas pour te voir perdre, si c'est comme ça, c'est pas la peine qu'on vienne.

Tu vois ces phrases-là ? À l'époque, je n'avais pas ce qu'il faut pour y faire face, mais je vais te dire ce que j'ai fait lorsque je les ai reçues :

1. J'ai quitté le groupe de messagerie dans lequel on se parlait. La remarque venait d'une personne qui n'a ni les capacités pour être une Miss France, ni le physique pour justifier un tel commentaire. Parfois, ceux qui ont la langue la plus acérée sont aussi ceux qui ont les blessures les plus profondes. Nous avons chacun nos blessures, mais ça ne justifie en rien des comportements déplacés, or celui-là en étant un grand ! Avec des personnes pareilles, il vaut mieux mettre de la distance.
2. J'ai également bloqué cette personne-là sur les réseaux. Je rappelle que, quand on prépare Miss France (en tout cas en 2019), on se réveille le matin autour de 6-7 heures pour se préparer : maquillage, coiffure, tenue identique, petit déjeuner, remonter, se laver les dents, et tout et tout, avant d'enchaîner sur la journée. Danse de 8 heures à 13 heures, pause d'une heure pour déjeuner, reprise de la danse de 14 heures à 19 heures, puis sortie de 19 heures à 22 heures. Je n'avais pas l'énergie nécessaire pour le lui dire à ce moment-là, mais je l'ai mangée, ma pomme, en plus de tout ce que j'ai engouffré pour assouvir ma faim. C'est très malsain de dire à quelqu'un de

manger ainsi. Encore une fois, il s'agit d'une personne qui ignore complètement le sujet qu'elle aborde et qui donne des conseils qui peuvent envoyer quelqu'un à l'hôpital.

3. Là encore, j'ai bloqué celle qui m'a dit ça. Pour moi, Miss France est une aventure humaine avant d'être un concours de beauté. Sur trente candidates, il n'y en a qu'une qui va gagner : quelle prétention que de penser que nous valons mieux que les autres.

Tu remarqueras que mettre de la distance, c'est l'astuce que j'ai le plus appliquée dans mes conflits. Parfois, pour se protéger, il ne faut pas hésiter à prendre les décisions qui s'imposent. Mes mantras préférés le montrent bien :

« On ne peut pas guérir dans le même environnement que celui qui nous a blessés »

Je veux la paix de mon esprit, et m'éloigner de ces personnes était nécessaire, alors je l'ai fait.

L'un des moyens les plus efficaces pour être heureux, c'est de laisser partir les choses qui te rendent triste. Facile à dire, plus complexe à appliquer, mais je sais qu'on a tous en nous la force d'y arriver. Prenons le temps qu'il faut pour le faire, ça va aller.

Quoi qu'il en soit, endosser le rôle d'une Miss, ça représentait beaucoup plus que ce que j'imaginais. Je n'avais même rien imaginé d'ailleurs, j'ignorais ce que ça impliquait : être toujours souriante, jamais fatiguée, jamais malade, disponible pour tous, volontaire à chaque instant, intéressée, mais pas intrusive, cultivée, mais sans l'étaler, passionnante, mais pas obsédée par un sujet, ambitieuse, mais pas arrogante !

Finalement, être une Miss, c'est être une femme. C'est gérer l'ego de chacun et faire en sorte d'éviter de faire des vagues !

Tu savais que j'avais joué dans un film au cours de mon année ? Dans le film *Miss*, plus précisément. Ça, c'est arrivé à la suite d'une interview avec *Le Parisien*, je crois. On m'avait posé des questions sur la féminité, et j'avais répondu avec les seules connaissances que j'avais du monde, mon monde, le seul que je connaisse : le monde polynésien.

Tu vois, chez nous, il y a des hommes qui sont plus femmes que les femmes, et j'ai toujours eu cette image de la féminité partagée. C'est ainsi que j'avais répondu quelque chose du style : « On ne naît pas femme, on le devient », en reprenant le mot de Simone de Beauvoir. À voir les RAERAE à Tahiti, c'est une affirmation bien réelle ! Il y a réellement des hommes qui sont plus femmes que les femmes, et des femmes plus hommes que les hommes. D'ailleurs, quand je vois l'évolution au sein du couple, ça prend quand même pas mal de sens.

Cette réponse avait touché Ruben Alves, le réalisateur, et Alexandre Wetter, l'acteur principal. L'histoire, c'est celle d'un garçon androgyne qui rêve de devenir Miss France et qui va cultiver la part de féminité en lui. Dans le film, on entendra ce monologue : « Il faudra être sexy et pure, drôle et consensuelle, rebelle et soumise, tu riras doucement, tu vas pleurer en silence […], si tu rates une seule de ces choses, tu te feras traiter de salope. Et si tu réussis, tu te feras traiter de salope. »

Être une femme, ça n'a rien d'aisé. Il a toujours fallu en faire plus que les hommes pour se distinguer, se faire remarquer et finalement s'émanciper. Un jour, dans une émission sur la finance j'ai entendu une femme dire : « Les femmes bien éduquées ont rarement fait l'histoire. Celles qui jouent en suivant les règles n'iront jamais nulle part. Il faut dépasser les règles. »

Il y a tellement à dire sur la condition de la femme ! Finalement, être Miss France, c'est encaisser tout ce qu'une femme doit déjà encaisser, sauf qu'elle doit aussi porter le poids des exigences de toute la France. Des hommes, évidemment mais aussi des femmes.

Tout le monde n'a pas les épaules pour ça, et le pire, c'est d'entendre justifier toutes les critiques qu'on peut recevoir d'un banal : « C'est ce que tu avais demandé, non ? Tu as voulu être Miss, ça va avec. » Oui, mais non ! Peut-on cesser de justifier des comportements incivils sous prétexte qu'ils sont nombreux, que c'est « la norme » ? Non, non, ça n'est pas normal ! Rappelle-toi : « Ce n'est pas parce qu'ils sont nombreux à avoir tort qu'ils ont raison. »

Dans ce genre de situations, mon caractère de Polynésienne m'a souvent bien aidée. Quand je me sens oppressée, agressée, non respectée ou autre, j'ai tendance à réagir avec le sang bien chaud de l'îlienne que je suis. Soit ça se voit à ma tête, soit je le dis. Ça a pu choquer, parce que, dans un contexte comme celui de l'exposition médiatique, où il faut se montrer parfaitement lisse pour éviter les répercussions négatives, c'est sans doute plus simple de garder ses pensées pour soi. Malheureusement, je n'ai jamais su faire ça. C'est probablement pour ça que j'ai remporté le titre de la Miss avec la plus grande… héhé t'as capté !

À une époque, bien avant d'être Miss, je n'aurais surtout rien dit ! Mais à l'approche des 30 ans, je crois que je n'ai plus le temps et l'envie de me laisser marcher sur les pieds ! Plaire à tout le monde, c'est plaire à n'importe qui. Quand j'ai dit ça, j'ai eu droit à des réflexions offusquées. On a dit que j'étais arrogante, que je n'aimais pas les gens. En réalité, je m'aime avant d'aimer qui que ce soit, et je ne peux plus, je n'ai plus la capacité de faire semblant d'être « une grande personne ». Quel intérêt ? Aucun ! Pourquoi devrais-je être respectueuse quand on me crache dessus ?

Le respect, ça se mérite. *Oui. Tout à fait !* De base, je suis polie et respectueuse, mais si en face, je sens une once de dédain, un soupçon d'impolitesse et une pointe d'arrogance, alors je sors mes griffes. Moi aussi, je sais mordre. Moi aussi, je peux être tranchante. On peut jouer tous ensemble, mais il faut savoir que, quand je suis blessée, mon but est de faire mal ! Alors, prenez garde ! Jouons, mais prenez soin de vous quand même, ça serait dommage que vous vous fassiez mal en essayant de m'atteindre.

Comme dirait tonton :

– **Quand on te tape une fois, tu tapes deux fois.**

Oui, c'est celle que je suis aujourd'hui.

ET APRÈS

C'est une année qui est passée bien vite finalement ! J'ai fait des rencontres de fou, vécu l'inattendu, dégusté de nouvelles saveurs.

– ... Vai ! Vai !
– Hein ?
– Ça fait cinq minutes que je t'appelle ! Tu fais quoi ?
– Ah pardon, j'étais perdue dans mes pensées, je viens de refaire le monde entier dans ma tête, tu veux quoi ?
– On a TĀ'IRI[57] les mangues, on va en chercher encore, tu veux ?
– Non c'est bon, j'ai bien mangé ce matin, PA'IA[58] aussi.
– À quoi tu pensais ?
– Haha, à Miss Tahiti et Miss France, j'ai l'impression que c'était il y a longtemps !
– Ah oui, ça fait quoi ? Six ans maintenant ?
– Six ans ! Tu te rends compte ? Comment le temps passe vite ? C'est fou ! J'ai du mal à m'y faire !
– Ouais, le temps passe, mais personne ne t'oublie.

– Haha, ben Miss Tahiti qui devient Miss France, oui je comprends pourquoi haha, ANI NA[59] ton dos ? DJOOOO[60] t'as carrément bronzé ! SIKI 'ERE 'ERE ROA 'IA 'OE[61] !
– Haha, ça HO'I[62], je suis contente tout à fait !

Face à nous, le soleil a continué sa course vers l'horizon. Les couleurs s'intensifient, le crépuscule point enfin ! De nombreuses personnes prennent le temps de se poser çà et là sur cette immense plage de sable noir. L'air est chaud et le spectacle commence. Tous les yeux sont rivés sur Mo'orea, face à nous. Nous observons la danse de la nuit qui s'installe. Les étoiles apparaissent dans le ciel, tandis qu'il s'assombrit.

57. Dévoré.
58. Être rassasié/repu.
59. Montre-moi.
60. Une onomatopée qui marque la stupeur.
61. Tu es vraiment noire – ici bronzée.
62. HO'I : regarde – Mais ici, c'est plus pour accentuer le fait qui est souligné.

Les couleurs chaudes qui teintaient les nuages virent au rosé, puis au violet et au mauve. L'île sœur se dévoile en ombre chinoise, à l'émerveillement général. Nous apprécions tous, en silence, la beauté que le monde a à nous offrir.

La nature est bien faite ! En regardant cette journée qui se meurt pour laisser place au soir, je me rappelle « *TE PŌ E TE AO* ».

TE PŌ E TE AO

Te Po : le monde de la nuit, celui des esprits, des morts, du non tangible, des croyances. C'est un lieu empreint de silence et de secret, celui de la réflexion et des pensées que nous n'avons pas le droit de connaître.

Te Ao : le monde du jour, des vivants, des plantes, des animaux, des humains, celui où tout se fait, le monde de l'action, tout comme celui du bruit, de la musique et tout ce que nous pouvons voir ou toucher.

Parmi les animaux sacrés qui restent inchangés, la tortue est celui qui présente le lien entre ces deux dimensions. Pouvant vivre dans le PO et le AO en même temps, elle respire l'air, voit le jour et peut se réfugier dans l'obscurité des fonds marins ou juste dans sa carapace, qui n'est accessible qu'à elle. Aux temps anciens, seules les hautes castes pouvaient consommer de la tortue. Si ceux qui n'en avaient pas le droit se le permettaient, ils subissaient des conséquences à la hauteur de leur crime. Il n'était pas rare de voir les fautifs sacrifiés dans le cadre de rituels, par exemple.

Nous arrivons dans le Po. La nuit, les croyances locales disent qu'il faut faire attention aux esprits, faire attention aux endroits où de fortes émotions ont été vécues.

Ce soir, la lune est belle, comme tous les soirs sans doute ! Les couleurs ne sont plus aussi intenses qu'elles l'ont été, mais la lumière que prodigue notre satellite suffit à voir tout ce qu'il y a autour. Les astres scintillent de mille éclats dans cette voûte de feu. Le soleil s'est couché et nous nous levons pour rentrer à la maison.

– Vous travaillez demain ?

– Ben oui, c'est lundi !
Haha, on n'est pas toutes
comme toi, à rien faire
de nos journées !

– ATE[63] à toi, haha MA'AU[64] !

– Non ouais, grosse journée
aussi, le retour à l'école,
les élèves, *IAAAA*, ils sont *FIU* aussi,
on ne peut rien dire !

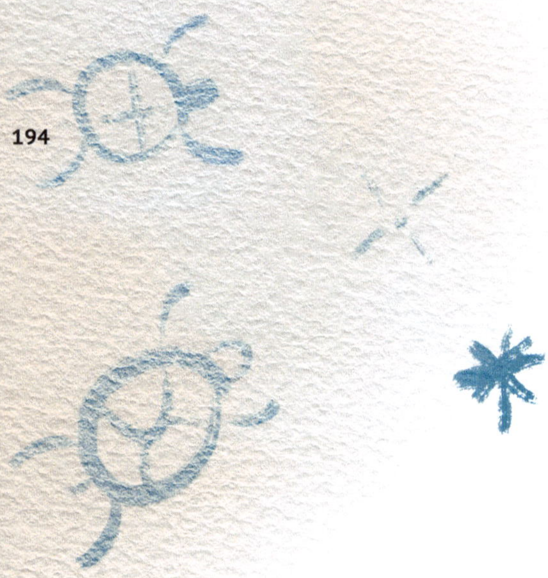

63. *ATE* : exagères - à toi, toi tu exagères.
64. *MA'AU* : crétin ou crétine.

Vivre comme un colibri

Oui, j'ai une copine prof au collège, et depuis quelques années, on voit une dégradation conséquente des conditions d'enseignement. « C'était mieux avant », la phrase fétiche des vieux qu'on a tous entendue, jusqu'au jour où c'est nous qui la prononçons ! Pourtant, il faut bien l'avouer : le respect des anciens, qui était une vertu pour tous, s'est dégradé au fil du temps.

– Comment ça ? Raconte.

– J'ai des élèves qui sont vraiment pénibles. Pas dans toutes les classes, mais certains mériteraient de belles corrections.

– Qu'est-ce que tu attends pour leur en donner, alors ?

– Ben je peux pas !

– Comment ça ? Pourquoi ?

– Parce que tout ce qui relève de la sanction doit être validé par l'administration. Si je veux coller un élève pour manque de respect, parce qu'il perturbe la classe ou pour d'autres motifs que je peux juger sanctionnables, non seulement ça doit être validé par d'autres personnes, mais en plus, quand ça l'est, certains parents viennent faire sauter la sanction en disant que c'est pas justifié ! Genre, j'ai une élève qui a tout le temps besoin de se faire remarquer. Une fois, elle m'a même envoyé un message sur l'intranet de l'école en disant que si c'était pour faire des fautes au tableau, c'était pas la peine d'enseigner ! Non mais tu te rends compte ? Comme si les fautes d'inattention n'étaient pas admises chez les enseignants !

– Whaaaat ? Et après ? T'as fait quoi ?

– Je suis allée voir la CPE, qui a été particulièrement choquée par l'e-mail en question, mais en même temps, que peut-on bien y faire ?

Aujourd'hui, un enseignant n'est respecté ni par sa hiérarchie, ni par les parents, ni même par ses élèves. Je trouve ça fou en vrai, que la figure d'autorité soit aujourd'hui si peu respectée, si peu considérée ! Quand je pense qu'avant je me faisais gronder trois fois pour avoir osé bavarder en classe ! Comment ça se fait que ça ait changé à ce point ?

Il y a un gros problème dans le vocabulaire employé. Tu connais la différence entre l'éducation et l'enseignement ?

L'enseignement est ce que les professeurs vont avoir à transmettre à leurs élèves. C'est l'apprentissage des sujets essentiels qu'un individu apprendra pendant toute sa scolarité : lire, écrire, compter, connaître l'histoire ou la géographie… Du primaire à l'université. Ça, c'est l'enseignement.

L'éducation, elle, consiste à transmettre certaines valeurs telles que, justement, le respect, la tolérance ou juste l'empathie. L'éducation, c'est comme ce qu'on a vu plus tôt, ça relève de la fonction parentale. Or, j'ai l'impression qu'il y a comme une désertion des responsabilités parentales !

Il existe plusieurs façons possibles d'éduquer un enfant, et c'est sans doute propre à chaque parent. Il serait bénéfique, comme toujours, que chacun reste à sa place et évite d'aller mettre son nez dans les affaires des autres, hors excès et violences, évidemment !

À ce sujet, le film *Pas de vague* avec François Civil est très parlant. On y voit un enseignant confronté au mensonge d'un de ses élèves et voir sa vie détruite, faute d'avoir le soutien de l'administration et de ses collègues. Ce film m'a mise très mal à l'aise, déjà parce que c'est inspiré d'une histoire vraie mais aussi parce que l'injustice subie est d'un niveau stratosphérique ! Mon professeur d'espagnol de 3e avait même dit que les enseignants trouvaient souvent une place dans les hôpitaux psychiatriques !

Quand j'étais petite, moi aussi, je voulais être enseignante : professeur de dessin ! J'adore dessiner, j'adore partager, mais voir comment le métier peut devenir une source de dépression, ça devient difficile à envisager. Combien de professeurs se sont donné la mort à cause de l'impact que leur travail a eu sur leur santé mentale ? Oh là là, je m'égare. Enfin, ça reste vrai, mais que puis-je y faire ?

Pierre Rabhi raconte une légende amérindienne qui parle d'un colibri. Voici l'histoire : il était une fois une forêt en feu. Tandis que tous les animaux de la forêt fuyaient, un petit colibri faisait des allers-retours entre une rivière non loin de là et les flammes qui s'étendaient, de plus en plus haut. Lorsqu'un ours se retourna pour se moquer de lui, signifiant que ce qu'il faisait était dérisoire, ce petit colibri répondit « peut-être, mais au moins, moi, je fais ma part ».

On a tous un rôle à jouer, un impact quelque part, même si on n'en a pas conscience. Si ton toi plus jeune te regardais aujourd'hui, quelle serait la chose pour laquelle il serait fier de toi ?

Avec du recul, je pense que la Vai enfant, Minimoi, serait fière de moi. Grandir dans une si petite île, avec des a priori à tout va, pour finalement m'émanciper et vivre à l'autre bout de la Terre, indépendante et fière, oui, je pense que Minimoi serait fière de moi.

En vrai, on ne sait pas du tout combien de temps on a à vivre. Le temps passe et est relatif. Pour certains, la vie peut durer au-delà du centenaire, pour d'autres, elle s'arrête avant même de commencer.

Il n'y a pas d'âge pour mourir. Il n'y a pas d'égalité non plus. Nous avons chacun nos propres chemins, qui sont plus ou moins tracés, qu'on va plus ou moins exploiter, en fonction de nos croyances, de nos moyens, des moyens qu'on se donnera et du courage qu'on arrivera à mobiliser pour foncer toujours plus loin dans nos projets.

Parfois, il arrive qu'une grossesse n'arrive pas à son terme. Ainsi, le bébé ne peut naître ; il a été mais il n'est déjà plus. Quelqu'un qui vit sous la contrainte, terrifié à l'idée d'aller chercher autre chose, complètement soumis à son entourage ou à ce qu'on attend de lui, ne vivra pas vraiment non plus. Soudain, un événement extraordinaire le sort de sa torpeur, et la crainte de la mort lui fait remettre beaucoup de choses en question, alors il se rend compte qu'il a vécu toute sa vie à genoux !

J'ai une autre histoire à te raconter. C'est l'histoire d'un philosophe qui aimait tant le vin rouge qu'il en buvait tous les jours un verre *(ou une carafe je sais plus trop bien)*. Un jour, quelqu'un vint lui dire : « Mais à force de boire autant, vous allez finir par avoir une vie plus courte que prévu ! ». Ce à quoi le philosophe répondit : « Moi, ce qui m'intéresse, ce n'est pas la longueur de ma vie, c'est sa profondeur. »

Je trouve ça particulièrement juste. C'est ainsi que, maintenant, j'ai une phrase que je me répète chaque fois que je dois faire quelque chose qui me fait un peu peur : « De toute façon, on va tous mourir. ». Et effectivement, on va tous mourir un jour ! Ne serai-je pas super heureuse, plus tard, d'avoir eu le courage de me lancer ? La réponse est oui !

D'ailleurs ! C'est parce que je me suis dit ça, une fois, que j'ai pu prendre une vague de 1,50 m en surf et, pour de vrai, j'étais trop heureuse d'avoir eu le courage de me lancer *et* de l'avoir surfée ! Oh oui ! Vraiment ! Je crois que c'est l'une de mes plus grandes fiertés à ce jour ! Cependant, pour avoir cette vague, j'ai été secouée par le courant comme dans une machine à laver ! D'ailleurs, il me semble que j'ai failli me noyer trois fois ! Quoi qu'il en soit, l'eau de la mer est entrée dans mes oreilles. J'ai eu une infection du canal auditif qui m'a donné un mal de tête sans précédent ! *Genre vraiment, j'étais au bout de ma vie, mais bref.* Tout ça pour dire que c'était pour la plus belle vague de ma vie, et bien que j'aie souffert fort fort fort pour ça, j'en suis super fière ! Ouais !

Mais ici, c'est pas moi le sujet ! C'était juste un exemple pour rappeler combien il est parfois important de se donner des coups de pied aux fesses pour faire des trucs de fou et accumuler des souvenirs qu'on pourra partager par la suite.

*

Le plus important, finalement, c'est de donner de la valeur à chacune de nos journées, pour que Mininous, mais nous plus encore, soyons heureux d'incarner ce que nous sommes.

Tandis que nous nous levons pour ramasser nos PĒ'UE[65] et nous diriger vers la voiture, je me rends bien compte de la chance qu'on a ici, d'être autant connecté à ce qui nous entoure. Nous ne nous lassons pas d'observer les étoiles et sommes constamment à l'affût du moindre changement de température, qui prédit la pluie. Les oiseaux nous guident dans la pêche et l'arrivée des requins-baleines précède celle des baleines. Il y a énormément de choses comme ça, sur lesquelles nous ne nous comprenons pas avec les pays occidentaux, et ça me rassure de voir que nous sommes nombreux à conserver ces liens avec la nature et la vie.

En parlant de lien, il me vient un sujet que je n'avais jamais abordé avant et qui pourtant a toute sa place ici.

65. Natte de plage.

La mort, une finalité ?

Vivre avec la mort

Je ne pourrai pas parler pour les autres, mais ma vision de la mort en tant que Polynésienne n'est pas la même que celle des métropolitains. En effet, chez nous, il existe plusieurs légendes qui racontent la vie et la mort. On l'oublie trop facilement, mais la mort est notre lot à tous, et en avoir peur, c'est vivre dans la crainte toute sa vie. *Alors que bon, personne n'a jamais réussi à y échapper !*

À Mo'orea, il y a une montagne appelée Mou'a Puta *(littéralement montagne percée en tahitien)* dont voici l'une des légendes.

La légende de Mou'a Puta

Toutes les âmes des défunts partent de Ra'iatea, avant d'être réintégrées à la lumière, à l'exception de celles des îles du Vent, où les âmes débutent leur chemin de la pointe Tata'a – là où se trouve l'hôtel Intercontinental Tahiti –, pour se diriger vers le mont Rotui, sur l'île de Mo'orea. Pour monopoliser le passage des âmes à Ra'iatea, Hiro, le dieu des voleurs, décide de s'emparer du mont Rotui et le rattacher à son île. Un soir, accompagné de ses acolytes, il débarque sur cette montagne sacrée, l'attache et commence à la tirer hors de Mo'orea. Mais, sur l'île d'en face, Pai, un valeureux guerrier, fait un rêve prémonitoire qui le réveille en sursaut. Il attrape sa lance magique et la jette sur Mo'orea pour fixer l'île, percutant la montagne d'à côté. Tous les animaux se réveillent en sursaut. Les coqs commencent à chanter, les chiens à aboyer, les oiseaux à s'envoler et le ciel s'est éveillé. Hiro et ses copains, effrayés, s'enfuient sans se retourner. C'est ainsi que, depuis, la montagne est percée, que les coqs chantent même avant le lever du soleil et que le Rotui continue de faire le lien entre les âmes et la lumière pour les îles du Vent.

Pendant que j'étais Miss France, j'ai vécu la perte d'un de mes repères les plus importants. Il était la figure la plus paternelle qui soit. C'était le frère aîné de mon papa, qui a succédé à mon grand-père à la tête de la famille quand celui-ci est décédé. Une fois de plus, la mort est passée par chez moi et, à des milliers de kilomètres de la maison, je n'ai pas pu vivre mon deuil. La journée était chargée et mon agenda avait déjà été programmé avant même que cela se produise.

Quand on est Miss, on n'a pas le loisir de pleurer ses morts. Alors, je suis allée travailler, comme tous les jours, en souriant et en restant toujours disponible et courtoise.

Sur le coup, je n'ai rien pu faire que subir, mais, quelques années plus tard, et après avoir lu beaucoup de livres, je me dis que partager ce que j'ai appris pourrait être opportun.

*

Nous sommes sur le trajet du retour à la maison. La journée a été particulièrement fatigante, entre la mini randonnée à la cascade pour prendre le petit déjeuner et le reste du temps à bronzer, tantôt sous la pluie, tantôt sous les rayons du soleil. Je regarde silencieuse la route qui défile devant nous. Les copines me déposent à la maison et après les avoir salués, je file sous la douche pour apprécier la chaleur de l'eau chaude s'écouler sur ma peau.

VAI, ça veut dire eau. *MALAMA* en wallisien devient *MARAMA* en tahitien, qui signifie la lumière.

Ce livre, *'O VAI*, ça veut dire « Qui » ? Mais Vai seul, ça reste l'eau, et me reconnecter à l'eau me fait penser à l'espace de Te Pō e te Ao.

Est-ce que tu savais que Te Po, qui est l'espace des divinités et du silence, représente aussi l'espace de la mort ?

La perception de la mort pour les Polynésiens était différente aux temps anciens et reste différente des cultures occidentales contemporaines. Les rituels allaient jusqu'à l'embaumement des corps, et la présence du *HEVA*[66] *TŪPĀPA'U*[67] *(le Tahu'a de la mort)* accompagne les défunts vers le Pō. Sa mission se déroule sur plusieurs jours, et c'est un héritage que l'on conserve encore aujourd'hui au cours de la veillée mortuaire. Lors des rites de prières, les familles polynésiennes se retrouvent autour du défunt pour échanger, parfois des pleurs, parfois des rires, souvent des anecdotes. Ils peuvent même aller jusqu'à dormir à côté du cadavre sans en avoir peur. C'est la famille, on n'a pas à craindre la famille. Aujourd'hui encore, dans certains jardins, des familles enterrent leurs proches. Dans d'autres archipels, les corps sont enterrés sous la maison, pour bénéficier de leur présence et leur protection.

Faire son deuil

Je pense à lui. La dernière fois que je l'ai vu, j'avais été frappée par sa perte de poids soudaine, depuis quelques mois. Physiquement, il n'était plus le même, ni par sa corpulence ni par sa voix, mais son esprit restait toujours aussi clair.

– Va te réconcilier. Il a trop de fierté pour s'excuser et c'est à toi de faire le premier pas pour que ça aille mieux. Faites la paix, tu ne sais jamais ce qui peut arriver.

Et j'ai suivi son conseil. Mettre mon ego de côté pour faire la paix, c'était la plus belle leçon qu'il m'ait donnée. Ce sont aussi les derniers mots que j'ai eus de lui.

66. Le deuil, les lamentations.
67. Corps sans âme, défunt.

D'après ce que j'ai lu, il y a 5 étapes dans le deuil (même si on peut le décomposer en plus d'étapes encore) :

1. **LE CHOC ET LE DÉNI :** on réagit tous de manière différente à une nouvelle. C'est quand celle-ci tombe que la réaction survient : on ne veut pas y croire, c'est difficile d'y faire face.

2. **LA COLÈRE :** comment est-ce possible ? Pourquoi ? C'est injuste ! Remords, dégoût, répulsion. Qu'est-ce qu'on aurait pu faire pour que les choses soient différentes ? Rien du tout. On ne peut pas changer le passé, comme on ne peut rien faire d'autre que d'avancer.

3. **LE MARCHANDAGE :** c'est une période de vulnérabilité au cours de laquelle on tente de minimiser la perte. On en veut aux autres, il faut trouver un responsable et justifier ce qu'il s'est passé.

4. **LA DÉPRESSION :** on prend conscience de ce qui s'est réellement passé et on est plongé dans une profonde tristesse.

5. **L'ACCEPTATION :** on digère ce qui s'est passé, on réalise que ça ne peut être changé. C'est la paix avec soi, on reprend le quotidien là où il avait été laissé.

Au-delà du deuil, qui n'a pas de mode d'emploi, seulement des émotions à vivre, il existe plusieurs mécanismes d'autodéfense, qui s'appliqueront en fonction des gens. Il y a par exemple ceux qui puiseront dans la peine pour transformer cet événement difficile en action positive : la sublimation. D'autres qui resteront dans le déni et la dénégation.

Certains transféreront malgré eux leur angoisse sur une autre personne, ou s'isoleront pour pallier la douleur de la perte. Ça dépend vraiment de chacun, et il a sans doute d'autres réactions possibles. Des réactions qui sont aussi plurielles que nous, finalement.

À ce jour, mon chagrin est toujours présent. Il est plus ou moins latent et silencieux, et lorsqu'il commence à refaire surface, j'ai besoin d'être seule pour vivre les émotions. Après tout, l'amour ne meurt pas, c'est juste nous qui apprenons à vivre avec le vide.

Pour lui, j'ai chanté *Puisque tu pars*, de Jean-Jacques Goldman. Je l'ai chanté et chanté, encore et encore tellement, en pleurant, pour penser à lui. Comme les paroles de cette chanson résonnent en moi quand je la chante, comme elles me ramènent à chaque fois à lui. Il y avait celle-là, ou Sam Smith, *Lay me Down*, qui m'a aussi beaucoup touchée. C'est surprenant comme les paroles des chansons se révèlent dès lors qu'on est dans la situation qu'elles décrivent. Combien de larmes avais-je versées en pensant à lui ? Il n'y a pas de temps prescrit pour le deuil. Seulement nous qui sentons et savons ce que nous devons faire.

Pour faire face à ma peine, j'ai cherché des livres qui me permettraient de me soulager, de comprendre ou juste d'aller mieux. Et tu ne me croiras sans doute pas, mais il existe, pour une raison que nous ne pouvons sûrement pas comprendre, une forme d'attraction. Dans ce besoin de réponses que je ressentais, un livre m'a appelé. Dans un rayon, au détour des fournitures scolaires, j'ai vu ce livre dont la couverture bleue avait happé mon regard : *Suis ton âme, elle connaît le chemin*[68], et c'est en cela que j'ai décidé de croire dorénavant.

Avant de s'incarner sur la Terre, les âmes se trouvent sur une autre fréquence. Sur celle-ci, elles ont pour mission d'évoluer, pour atteindre l'état le plus avancé qui soit et en fonction de ce qu'elles décident d'apprendre. Par la suite, elles iront s'incarner dans l'environnement qui sera le plus propice à leur apprentissage, tout en choisissant les épreuves de vie qui en découleront, pour atteindre leurs objectifs.

68. De Virginie Bobée et Violette Germont.

Une fois en accord avec les bases de ce que sera leur vie, les âmes s'incarnent sur le plan physique, accompagné d'anges gardiens pour les guider tout au long de leur vie terrestre et réaliser le plan initialement prévu.

Or, lors de leur incarnation, les âmes sont amenées à fusionner avec une entité qui a déjà un héritage familial : le corps, qui garde lui-même en mémoire les histoires des générations précédentes.

Ensemble, elles devront collaborer pour réaliser petit à petit tout ce qui a été prévu, en faisant face aux difficultés de la vie et en apprenant les leçons qui y sont cachées. Ce n'est pas facile et, parfois, c'est plutôt douloureux, mais admettons. Il y a toujours quelque chose de bon à en tirer.

Le décès de quelqu'un dans nos vies fait non seulement partie de la fin de tous, ce que tout le monde oublie, mais aussi d'un apprentissage qui servira à tous ceux qui l'ont connu. C'est ma conviction profonde. Mais ça, je ne l'ai assimilé que récemment. Sur le coup, c'était beaucoup plus difficile de faire face à la perte. C'est pourquoi, parfois, j'ai besoin de me recueillir. À l'image de Ta'aroa qui est retourné dans Rūmia, sa coquille, pour se recentrer et retrouver des forces, je ressens le besoin d'être seule et de penser à ce qu'il se passe dans ma tête, dans mon corps et dans mon cœur.

Je laisse couler le long de mon dos cette eau presque brûlante qui dénoue les nœuds de mon dos. Ils s'en est passé des choses en si peu de temps. Demain, c'est déjà lundi. Il y a école, les enfants se réveilleront tôt, alors je ne devrais pas tarder à aller dormir. Pourtant, loin d'avoir sommeil, je repense à ce que j'ai appris, il y a quelques années déjà, mais que je peine à sonder vraiment.

Après mon départ en métropole, on a découvert que mon papi était atteint de la maladie d'Alzheimer. Cette maladie est terrible : il conserve tous ses traits, mais son esprit n'est plus le même. Comme si les souvenirs qu'on s'était forgés s'étaient échappés. Combien de fois me suis-je sentie démunie ? Je demandais : « Tu sais qui je suis ? » Et la réponse ne venait pas. Il a été celui qui m'a appris à m'exprimer correctement, à tenir une diction claire et à aimer les mots. Il m'a transmis sa passion de l'éloquence, même si j'ai toujours préféré l'écouter que la pratiquer. J'ai l'impression de perdre pied. Et puis d'autres fois, il dit des choses qui m'offrent une belle bouffée d'air frais. C'est ainsi que lorsque je suis revenue le saluer, un jour, après une sieste, il m'a regardé de son regard perçant, et, les yeux concentrés et le doigt pointé sur moi, il a dit :

– Toi, je ne sais pas qui tu es, mais je sens que je t'aime dans mon cœur.

Mon papi. Comme je suis nostalgique, ce soir, je repense à nous, quand il m'a appris à planter du taro, à préparer de bonnes côtelettes de porc ou juste à réciter des poèmes de Baudelaire. Oh, papi, comme je t'aime.

Mais tu vois, pour moi, bien qu'il n'ait pas changé physiquement, je dois quand même avouer que ses rares moments de conscience m'ont fait réaliser que cette personne, avec ces traits que je connaissais si bien, n'était plus mon papi. J'avais beau l'aimer de tout mon cœur, je voyais bien la peine qu'il avait à marcher, à manger ou même à juste être là. J'en suis venue à me demander si vivre dans de telles conditions n'est pas seulement accepté pour accompagner les personnes qui vont vivre leur deuil. Est-il convenable de maintenir la vie dans des conditions aussi peu enviables ?

– Vai, viens manger !

– Oui, mamie, j'arrive !

Tirée de mes songes parasites, je rejoins ma grand-mère qui a œuvré en cuisine aujourd'hui. Vraiment, il n'y a rien de mieux que de retrouver la cuisine familiale après en avoir été privée pendant si longtemps. Les couleurs, les saveurs, les odeurs... Comment ai-je pu m'en passer pendant tout ce temps ? Tu te rends compte ? Déjà six ans que j'habite en métropole ! Qui l'eût cru ?

Ce soir, au menu, nous avons du **'URU**[69] *et des beans ! C'est un truc bien d'ici, ça. Pour choisir son* **'URU**, *il faut attendre qu'il soit bien mûr. On le reconnaît à son apparence : loin d'être immaculé, il sera taché, comme s'il était sale de la sève qui avait coulé dessus. Et le* **PUNU PUA'ATORO**, *c'est du corned-beef. Il paraît que ce n'est pas très bon pour la santé. Je veux bien le croire, mais ça ne m'empêchera pas de continuer à en manger ! Ça me ramènera pour toujours à mon enfance, quand on faisait cuire le* **'URu** *sur la plage et le* **PUA'ATORO** *sur le feu, juste après.*

Le 'URU

C'est le fruit de l'arbre à pain. C'est difficile d'expliquer quelque chose qu'on connaît depuis toujours ! C'est un gros fruit, un peu plus qu'un ballon de handball ! Sa texture varie en fonction de la préparation. Si elle est sommaire, ça peut ressembler à une grosse balle de Ficello je crois, c'était la pub qu'on voyait à la télé avant. Battue dans un torchon, alors la texture du 'uru sera beaucoup plus moelleuse. Et en fonction des espèces, le 'uru sera même plus ou moins sucré. Pour le goût, ça serait quelque chose d'un peu fumé, d'un peu boisé, puisque souvent cuit sur le bois, ou alors sur le four, si on a que ça !

69. Fruit de l'arbre à pain.

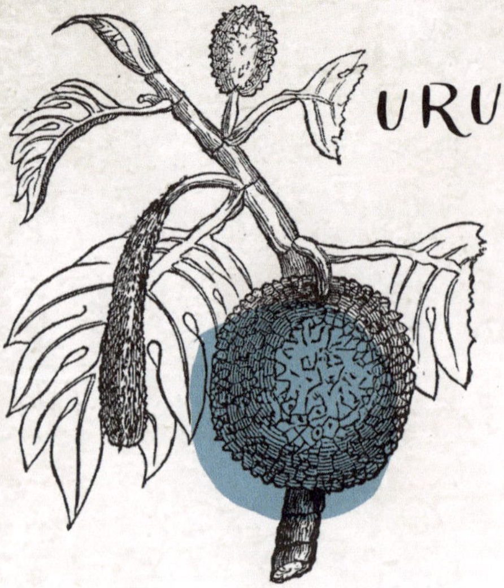

URU PUATORO

Ingrédients :

- 1 'uru
- lait de coco

Préparation :

- Fais une première incision en croix là où il y avait la tige. Puis fais-en une deuxième de l'autre côté, à l'exact opposé.

- Pose le 'URu sur le feu, jusqu'à ce qu'il soit tout noir.
- Une fois qu'il est noir d'un côté, tourne-le de l'autre côté et attends que la peau soit entièrement cramée.
- Enlève la peau, retire le noyau, mets le 'URu dans un linge propre. Puis bats-le pour l'attendrir.
- Sers-le avec du lait de coco frais.
- Pour préparer le pua'atoro, verse la boîte dans une casserole et met la viande à chauffer sur le feu. Coupe des oignons et ajoute-les à la préparation. Retire les morceaux immangeables, et sers le tout chaud dans de belles feuilles de Pūrau[70], ou dans des assiettes.

TĀMĀ'A MAITA'I

70. Pūrau : un arbre à hibiscus qui pousse dans les climats tropicaux.

*

Par la suite, j'ai poursuivi mon aventure de Miss France sans plus penser à mon deuil. Je n'avais plus le temps de penser, de toute façon. Les jours ont succédé aux semaines, qui ont succédé aux mois. J'ai fait des rencontres qui m'ont chamboulée, des bonnes, des mauvaises. Je garde aussi de très bons souvenirs de situations moins plaisantes.

Tiens, je te raconte une sacrée anecdote. C'était le jour du FISE 2019 – Festival international des sports extrêmes –, à Montpellier. Ce jour-là, j'étais avec Olivier, mon chaperon, celui qui accompagnait les Miss dans leurs déplacements. On y était pour une élection de Miss qui devait avoir lieu non loin de là, Miss Sète, je crois.

Le jour même, les rues étaient animées. Les performances présentées avaient attiré beaucoup de monde. J'ai même eu la chance d'avoir une super bonne place dans les gradins pour y assister, grâce à un copain rencontré au cours de l'année ! Le soir, je suis allée me préparer pour aller à l'élection et nous sommes rentrés juste après.

Dans les rues de la ville, la fête a pris fin au petit matin. Vu le nombre de déchets humains sur les trottoirs, la soirée avait été festive. Ce jour-là, nous devons aller en Picardie pour un carnaval, à près de cinq heures de train ! Alors on se prépare, on prend le petit déjeuner, puis, en sortant de l'hôtel, Oli et moi, on regarde le tram passer en plaisantant « oh regarde, notre tram ». Et oui, c'était bien notre tram. On est dimanche, le prochain arrive dans 30 minutes, et notre train part dans 30 minutes. On n'est pas très loin de la gare, alors on commence à marcher. Il faut se dépêcher, le temps file et le train ferme ses portes deux minutes avant le départ. De peur d'être en retard, j'ôte mes chaussures à talon pour courir plus vite dans les rues, faisant bien attention à esquiver les bouts de verre et autres débris qui jonchent le sol. On court ! Vite ! Mon maquillage, alors plutôt bien, commence à couler avec la transpiration. Nous voyons courir, paniqués, les contrôleurs de notre train éclatent de rire en disant : « Eh ben alors ? Vous ne savez pas que c'est interdit de courir dans la gare ? » Haha, très drôle.

On monte dans le train. N'ayant pas de siège attribué, on s'assied sur les strapontins entre les voitures, ceux à côté des toilettes, quand on se dit qu'on va prendre une petite bière pour apaiser nos cœurs battants ! « Nous vous informons que, suite à un cambriolage de la voiture-bar, nous ne sommes pas en mesure de vous fournir à manger et à boire pour l'ensemble du trajet, nous vous prions de nous excuser pour la gêne occasionnée et vous souhaitons un bon voyage. » On se fait enchaîner ! Après un trajet laborieux au cours duquel Oli réussit finalement à me trouver une place en première pour que je me puisse retoucher mon maquillage, nous sommes accueillis par un car, la voiture que je devais emprunter pour aller au carnaval n'a pas pu arriver avant la fermeture, des rues étaient bloquées, on en a trouvé une autre en express après avoir mangé une bonne salade César en vitesse, puis commencé à avancer sous un soleil tapant. Une fois le défilé terminé, nous assistons à un spectacle de talents dans une salle omnisports sans une once d'air. C'est looooong, tellement long ! haha.

Mais tu vois, aujourd'hui, ça fait partie de mes bons souvenirs ! Eeeh oui.

*

Le repas est terminé. Ce soir, il n'y a que mamie et moi, alors je débarasse et fais la vaisselle pour toutes les deux. Même si elle a investi dans un lave-vaisselle, il y a des habitudes qui restent. Je vais me brosser les dents et retourner penser un coup.

Nous voilà de retour dans ma chambre. Les murs de cette maison ont vu défiler trois générations. Dans cette chambre-là, il y a quelques années, j'ai peut-être été conçue, et aujourd'hui, c'est la mienne. Les murs blancs commencent à s'écailler à cause de l'humidité, il va falloir que je refasse la peinture.

Choisir une voie opposée

Les images me reviennent en tête. Mes dernières semaines en tant que Miss France ! Ah, mais je ne t'ai pas dit ? Je suis la première à avoir refusé de participer à une compétition internationale.

J'ai refusé de participer à Miss Monde et à Miss Univers pour plusieurs raisons qui me sont propres. Cette décision a été mal acceptée par les fans des Miss, qui m'ont reproché mon « égoïsme ». C'est curieux, hein ? Quand j'étais Miss Tahiti, j'ai entendu parler d'un forum Internet où des passionnés s'amusaient à partager leur avis sur moi. La liberté d'expression, tu connais ! Sur ce site, tout était passé au crible. Rien n'était laissé de côté : de ma coiffure, qui n'était pas assez lisse, aux couleurs de mes vêtements, qui n'étaient pas bien assorties – le style, les chaussures, rien n'allait ! Jamais.

C'est dur à dire, mais lorsque j'ai découvert ce forum, je crois que j'ai pleuré. Pourtant, j'avais déjà été jugée auparavant, par mes camarades de classe, par ma famille, par des personnes que j'estimais ! C'est sans doute lié à l'effet de masse, d'entraînement : tout le monde donne son avis, et chacun surenchérit. Franchement, personne n'a envie d'être le sujet d'un tel forum. Quoi qu'il en soit, ce sont eux, en partie, les responsables de ma décision. Elle n'est pas liée qu'à eux, mais ils ont joué un rôle considérable dans mon refus de participer à ces concours internationaux. Après tout, pourquoi irais-je donner du grain à moudre à des gens qui, de toute façon, ne seront jamais contents ? Autant prendre les devants et terminer l'année sans faire plus de vagues.

À côté de ça, il y avait aussi le fait que le voyage de préparation des candidates à Miss France 2020 devait se dérouler à Tahiti. Je ne pouvais pas être absente alors qu'il s'agissait de leur présenter ma plus grande fierté, mon chez-moi, mon île natale !

Et surtout, je ne me sentais pas plus emballée que ça par l'idée de préparer un nouveau concours. Il m'apparaît évident aujourd'hui que j'ai fait le bon choix. Il est vain d'aller là où d'autres veulent que nous allions. Nous avons tous un chemin bien spécifique à parcourir, et il n'y a pas lieu de demander leur avis aux autres. Même si ça fait peur de faire et d'assumer ses propres choix, c'est important, encore une fois, de commettre ses propres erreurs pour avancer.

Mon année s'est terminée le 14 décembre 2019. Quand Clémence Botino a été sacrée Miss France 2020, à Marseille, j'ai senti le poids de la couronne s'évaporer. Ça paraît curieux de l'avoir senti physiquement, pourtant, c'est bien ce qu'il s'est passé. Après avoir posé le diadème sur la tête de Clémence, mes épaules se sont dénouées et je me suis enfuie de la soirée en catimini pour aller boire un verre de jus d'ananas *(et un petit supplément liqueur)* sur le rooftop du palais du Pharo.

À ce moment-là, je ne le réalisais pas vraiment, mais j'étais SDF ! Oui, oui, ! Sans domicile fixe. N'étant officiellement plus Miss France, je ne pouvais plus bénéficier de mon appartement de fonction à Paris. Heureusement, c'était la période de Noël, et j'avais prévu de passer les fêtes en famille. Ma recherche de logement attendrait mon retour à la capitale.

Ma chance, c'est qu'étant particulièrement bien entourée, ma galère a été de courte durée. J'ai d'abord logé quelques jours chez une copine, avant d'aller squatter chez différentes personnes de ma famille. Puis j'ai fait comme tout le monde : des recherches sur Se Loger, Gens de Confiance, Le Bon Coin, PAP… Il existe tant de sites qui répertorient les biens immobiliers disponibles ! Bien sûr, il y a eu des soucis d'organisation et des visites infructueuses. Quand on cherche un logement, la concurrence est rude, et il faut avoir un dossier solide pour décrocher l'appartement de ses rêves !

Trouver mon chez-moi

Premièrement, le compte en banque. C'est le moment d'affronter les premières difficultés :

– Vous ne pouvez pas avoir de compte en banque si vous n'avez pas d'adresse en métropole.

– Ben oui, mais c'est pour avoir une adresse que j'ai besoin d'avoir un compte en banque ici !

– Mademoiselle, vous ne pouvez pas avoir de logement si vous n'avez pas de compte en banque en métropole.

Ça s'annonce complexe, mais il n'y a pas de problèmes, uniquement des solutions. Si je loge chez une copine, elle peut me fournir une attestation d'hébergement ! Donc, on va commencer comme ça, et on ajustera par la suite. *OK, c'est parti. Première difficulté : passée ! Compte en banque : ouvert ! Ça, c'est ce qui a précédé la signature du bail, purée ! Complexe, hein ?*

D'ailleurs, j'ai un tip pour toi ! Tu connais la garantie Visale ? J'ai découvert ça il n'y a pas longtemps ! C'est pour tous les loueurs qui ont besoin d'un garant. La garantie Visale te permet d'avoir une garantie jusqu'à 36 mois de loyer. L'État devient alors ton garant. C'est pas génial, ça ? Essaie de te renseigner, sait-on jamais, peut-être que tu es éligible pour en bénéficier ! Et ça pèse lourd dans un dossier, ça ! Oui, oui ! tout à fait !

Et maintenant, la partie la moins drôle. À Paris, le marché de l'immobilier est particulièrement concurrentiel. Autant les offres sont nombreuses, autant la demande est énorme. Pour trouver quelque chose de bien, il faut être réactif, avoir un bon réseau ou beaucoup de chance, mais j'ai bon espoir ! Ça va aller. Après avoir fouillé les sites d'annonces immobilières que j'ai déjà cités, j'ai fait le tour des quartiers pour voir différentes agences et faire mes premières visites. Les trois premiers appartements que j'ai vus n'étaient pas géniaux… Trop sombres, trop petits, trop bruyants, trop ceci, trop cela… Je ne les sentais pas.

Les cinq visites suivantes n'ont pas été bien mieux, entre les rendez-vous qui s'annulent parce que le logement a trouvé preneur ou parce que c'étaient de faux plans. Bref, je n'ai pas trouvé ce qu'il me fallait, mais je ne me suis pas découragée. Faisant part de mon désarroi autour de moi, je m'en suis remise au bouche-à-oreille : peut-être que quelqu'un qui connaissait quelqu'un qui connaissait quelqu'un qui avait une agence immobilière aurait quelque chose à me partager ? À force de demander à droite à gauche, j'ai provoqué la chance (parce que oui, la chance, ça se provoque) et la femme d'un de mes cousins m'a entendue. Grâce à elle, j'ai pu rencontrer un agent immobilier, qui a été super accommodant. On a pu caler un rendez-vous dans Paris :

– C'est un grand appartement, dans les dimensions que vous cherchez, avec une chambre à part, une cuisine séparée, et même un bidet dans la salle de bains.

– Je ne suis pas certaine de vouloir vivre ici, auriez-vous un autre bien à me présenter, s'il vous plaît ?

– Si vous voulez, on a un autre appartement, pas très loin d'ici. Le locataire vient de partir et nous n'avons pas encore publié d'annonce, voudriez-vous aller le visiter ?

– Oui s'il vous plaît !

À cinq minutes à pied, un ascenseur et une porte ouverte plus tard, j'y suis ! Un puits de lumière m'aveugle dès l'entrée. Une baie vitrée occupe toute la largeur du salon. Sur la gauche, la première porte donne sur la salle de bains. Elle est vaste, avec deux vasques, une baignoire au fond et de l'espace pour installer une machine à laver. La porte suivante donne sur une chambre avec un dressing et de la moquette au sol. Une fenêtre baigne la pièce de lumière naturelle. En revenant vers la baie vitrée, la cuisine se dévoile derrière un mur, puis les WC séparés, près de la porte d'entrée.

Je me sens bien. C'est celui-là. C'est mon appartement.

– Je prends !

– Mais je ne vous ai même pas dit le prix…

– C'est pas grave. Je prends !

Et c'est ainsi que j'ai eu ma toute première maison à moi. Pas à mes parents, pas à Miss France. À moi. Une fois l'état des lieux réalisé, les papiers signés et les clés en main, j'ai fermé la porte et me suis posée par terre, sur le parquet, face à la lumière du jour qui pénétrait par la baie vitrée.

C'est chez moi !

*

Allongée sur mon lit, à la maison, je regarde la lumière du plafond clignoter. Je n'ai pas d'applique, seulement l'ampoule qui pendouille, accrochée à son fil. Faudrait peut-être que je pense à changer ça ? Tu saurais faire ça, toi ? Poser une applique ? Après, je me dis que si je fais ça, y aura moins de lumière, non ?

Finalement, ça n'a pas été nécessaire. En journée, le soleil déferlait par la baie vitrée du salon et les fenêtres de la chambre. En soirée, la pollution lumineuse permettait toujours de voir où on mettait les pieds. Après avoir acheté l'indispensable chez Ikea et récupéré ce qui me restait de mon aventure parisienne de Miss France, j'ai investi les lieux. Dans la chambre, il y avait un petit matelas à même le sol. Ça me rappelait quand j'habitais chez mes parents : on n'avait pas de sommier. Ça ne m'embête pas, au contraire ; ça me rappelle de bons souvenirs. Il y avait aussi un petit fauteuil, que j'ai beaucoup poncé, où je m'asseyais pour répondre au courrier que j'avais reçu sur mon bureau tout neuf. Il y avait les colliers que j'avais rapportés de Tahiti, qui venaient mettre un peu de couleur et de vie dans cet appartement que je découvrais encore.

Par la suite, les choses se sont faites d'elles-mêmes. Mes meubles sont arrivés : j'ai eu la surprise de découvrir un canapé bleu à la place du modèle anthracite que j'avais commandé. En fin de compte, ça a été une bonne surprise, qui a transformé le salon ! Un vrai sommier et un vrai matelas se sont ajoutés, des tables et des lampes de chevet, une machine à laver *(d'ailleurs, je me suis fait avoir pour la machine à laver ! Je l'ai achetée sur Le Bon Coin et un copain m'a accompagnée pour aller la chercher. En vrai, elle fonctionnait bien, mais il manquait le couvercle ! Et comme j'avais demandé de l'aide à mon pote, je me suis sentie obligée de la prendre, alors que bon – elle avait pas de couvercle, quoi ! On voyait tout ! Encore une fois, si vous changez d'avis en cours de route, n'hésitez pas à dire non ! Et stop ! Oui, oui, même pour une machine à laver qu'on est allé chercher dans le 95 alors qu'on est dans le 75 !)* J'ai gardé le meuble à chaussures et d'autres babioles de mon appartement de Miss France, et il a commencé à y avoir une âme dans la maison. Je m'y sentais bien ! Et j'ai décidé de partager mon bonheur avec la personne que j'aimais !

*

J'éteins la lumière, les yeux fermés, et j'écoute le bruit des voitures qui passent sur la route toute proche. Tant de choses peuvent se passer en l'espace d'un claquement de doigts.

Mes songes s'éveillent à une conscience qui s'endort.

Je suis à Tahiti ! C'est fou, j'ai l'impression que je pourrai m'envoler ! Vas-y, je tente ! Je vole ! Oh je vole ! Comme mon île est belle ! Les nuages sont si doux, partager ça avec des oiseaux rend l'expérience encore plus merveilleuse ! Survolant les montagnes et la verdure des côtes, j'aperçois au loin le lagon ! Et là ? DES BALEINES ! Oh ! Il y a des baleines ! C'est fou ! Je veux nager avec elles - et je plonge la tête la première, les mains sur le nez, quand je me dis : « C'est un rêve, Vai, respire. » Alors, je regarde autour de moi, des baleines dans le lagon, qui nagent avec leurs petits ! Elles doivent être quatre adultes et deux bébés ! Des sirènes les accompagnent aussi ! Moi aussi, je veux être une sirène ! Et me voici dotée d'une queue de poisson. Légère et flottante, je ne fais qu'un avec l'eau, je me sens bien ! Tellement bien.

J'AI FAIT UN RÊVE LUCIDE ! Oooooh ! Punaise ! C'est INCROYABLE ! Un rêve lucide ! Tu connais ? C'est quand on rêve et qu'on est conscient que c'est un rêve, alors on prend le contrôle et on fait tout ce qui nous plaît ! C'est probablement le rêve le plus beau que j'aie jamais fait de toute ma vie ! Je suis archi fan !

Je me lève de super bonne humeur. Il est tôt, les autres ne font aucun bruit. J'en profite pour dessiner un coup la maison de mes rêves. Je ne l'ai pas vue, cette fois, mais ça ne saurait tarder, hein ?

La douche commence à couler à côté. Ça y est, ils se préparent pour aller à l'école. Je vais prendre mon petit déjeuner avec mamie, elle a toujours été d'une sagesse déconcertante ! Même quand papi a eu Alzheimer, elle a puisé la force nécessaire en elle pour éviter que ça nous éclabousse. Mes mamies sont les meilleures du monde !

Les 5 meilleurs conseils de mes mamies

- *Si tu as le choix entre acheter un palace avec une piscine sur un petit terrain et un grand terrain avec une toute petite maison en piteux état pour un même prix, choisis le terrain ! La maison perdra de la valeur, mais le terrain en prendra toujours !*
- *Écoute ton cœur, il parle à ton ventre, tu sens quand tu fais les choses bien ou pas, tu n'as plus qu'à suivre ce que tu ressens.*
- *Il vaut mieux mettre un terme à une relation quand vous vous entendez encore bien, plutôt que vous obliger à rester et finir par vous déchirer.*
- *Ton premier mari, c'est ton métier. C'est lui qui pourra t'assurer, te sécuriser, te protéger. Tu ne sauras jamais s'il restera jusqu'à la fin, tu sais juste que toi, oui.*
- *Tu n'as pas de temps à perdre avec quelqu'un qui, tu sais, n'est pas à ta hauteur. Tu as de grands rêves, il te faut quelqu'un avec les épaules solides pour t'aider à construire tout ça.*

Mes mamies, elles rigolent pas, hein ?

– Ah Vai, bonjour ! T'as mangé ?
Viens prendre ton petit déjeuner !
On voit même tes abdos, maintenant, il faut te nourrir !

– Haha, bonjour mamie !
Oui, j'arrive ! Ben c'est parce que j'ai fait une compétition de musculation, tu sais ?

– Ah oui, c'est vrai, tu m'avais dit !
Alors ? Comment ça s'est passé ?

– Ben super ! J'ai fini deuxième !
Sur deux !

Et on rigole. C'est vrai, j'ai participé à une compétition de sport ! Encore une idée de mon cru, ça ! Ça t'étonne ? Haha, vas-y viens ! Sur la table, il y a du pain d'ici (il faut savoir que le pain d'ici et le pain de France, ce n'est pas le même, hein ? Alors bon, je vais quand même le savourer !) du beurre Président demi-sel et une brique de lait Vai Ora ! Qu'est-ce que j'aime ce lait ! Il est vraiment unique ! Et il me ramène tout de suite à mon enfance, j'adore !

Me lancer de nouveaux défis : Miss Bikini Fitness

C'est une compétition dont j'avais entendu parler quand j'avais environ 20 ans. On était en 2016 ou 2017, papa m'avait embarquée avec lui à la salle de sport pour commencer à me préparer pour Miss Tahiti. On y allait tous les matins dès 4 heures. C'était dur, ma coach n'acceptait les femmes qu'entre 4 et 6 heures du matin. Il n'y avait pas de clim, pas de téléviseur, juste de vieilles machines qui faisaient l'affaire, et des champions de culturisme pour nous accompagner dans ce projet. C'est elle qui m'a dit un jour :

– Tu devrais tenter Miss Bikini Fitness,
je suis sûre que ça te plairait !
– Ah oui ? OK !

Alors au début, j'avais commencé à m'y préparer, mais le concours de Miss Tahiti est arrivé juste après, puis celui de Miss France et, finalement, je n'ai pas pu m'en occuper. Jusqu'à maintenant ! Il n'y a pas longtemps.

Tu sais, j'aime dire de moi que je suis une femme de parole. Je crois que c'est ma plus grande fierté : quand je dis quelque chose, je le fais pour de vrai et ça me donne une très belle image de moi.

Ainsi, quand l'idée de participer à Miss Bikini Fitness est revenue, j'ai décidé de tout donner et de partager toute l'aventure sur les réseaux pour avoir du soutien. Comme pour tous les projets, la première réaction est « c'est insensé ». Oui, c'est insensé pour des personnes qui n'ont pas le même objectif que nous. C'est un vrai processus que d'aller au-delà des limites des autres pour atteindre les buts qu'on s'est fixé.

J'ai aussi entendu « c'est dangereux », mais ça dépend : si on est bien entouré et qu'on fait ça correctement, alors ça me paraît sans danger. Ça va se faire, avec ou sans toi, ça va se faire !

Et finalement, quand le projet aboutit et que tout est terminé, ça devient « évident ». Oui, une fois que c'est fait, ils pourront tous dire que c'était une évidence, même si au début ils ont remis en question ton projet. C'est comme ça, les gens ne peuvent pas nous encourager plus loin qu'ils ne peuvent s'encourager eux-mêmes, c'est la limite de l'homme.

Pourtant, cette aventure, je l'ai vécue ! Accompagnée par l'équipe de Picoré, un traiteur spécialiste de la nutrition, pour être sûre d'avoir tous les nutriments nécessaires pour gagner du muscle sans prendre du gras, un coach pour me donner des exercices et un suivi bien poussé, un psy, pour les fois où j'avais besoin de péter un câble, et le soutien et la compréhension de mes proches. Au début, ce n'était pas facile, parce qu'une bonne partie des activités sociales implique de boire ou de manger : « On va boire un verre ? Un café ? » ; « On se fait un goûter ? Un thé ? » ; « Ça te dit de venir déjeuner/dîner à la maison ? ». Et, tu vois, toutes ces tentations-là sont celles auxquelles tu dois apprendre à résister au quotidien. Quand on te tend une belle part de tarte, quand on te dit : « Oooh, ça vaaa, c'est moi qui l'ai faite, alors c'est OK », ou encore « Juste un petit verre, ça ne te fera rien ! », il faut savoir résister.

« Si tu veux être meilleur que la moyenne,
tu vas devoir faire plus que la moyenne. »
Le coach dans *Last Chance U*,
le documentaire Netflix de Michael Jordan

Tu vois, cette phrase résonne très fort en moi. Parce que dans ces moments-là, ceux où tu as envie de croquer dans cette part de tarte ou de boire ce verre de vin, dans ces moments-là, tu dois résister à toi avant tout.

Quand j'étais en terminale, M. Piot, notre prof de philo, nous avait fait travailler sur la question suivante : « Sommes-nous esclaves de nos désirs ? » Tu vois, ça remonte à loin et pourtant, ça m'a marquée ! La réponse m'apparaît évidente. Oui. Seuls ceux ayant assez de force de caractère pour aller plus loin que leurs désirs sauront s'en affranchir et s'envoler au-dessus du monde. Je veux dire par là que céder à un plaisir immédiat n'égalera jamais la fierté qu'on ressent d'avoir su résister à une tentation ! Un jour, les résultats arrivent et là, c'est le jackpot !

Je ne compte même plus le nombre d'invitations que j'ai dû refuser en disant que j'avais une compète, et toutes les fois où les gens m'ont regardée en mode : « Mais pfff, comme si. ». Combien de regards dubitatifs j'ai dû affronter et combien de fois j'ai dû me justifier ? En vrai, on n'a pas à se justifier. Les choses sont telles qu'elles sont. Les autres sont à leur place, toi, tu es à la tienne, et chacun a son chemin à tracer, ses expériences à vivre et ses leçons à apprendre.

Tout ça pour dire que, dans cette aventure, j'ai appris la discipline, la résilience, l'organisation et, surtout, l'amour de moi. Alors, c'est très curieux, dit comme ça, mais même si je m'aimais un peu avant, j'ai trouvé au travers des résultats quelque chose que je ne soupçonnais pas : de la fierté. Je suis fière de moi, de continuer à aller à la salle, même quand je n'en ai pas envie, même quand je suis fatiguée, malade, que j'aie mes règles, que ça chamboule toute une organisation logistique parce que je ne suis pas à la maison. J'ai commencé à éprouver de plus en plus de plaisir à me mettre en valeur, parce que, si je ne me valorise pas, qui le fera ? J'ai retravaillé sur ma féminité en associant à la musculation des cours de pole dance et je me suis épanouie en tant que femme.

M'émanciper

Cette année, la trentième de ma vie, a marqué une ligne claire entre le moment où j'étais encore une jeune fille et celui qui fait à présent de moi une femme. À mes yeux, ça ne passe pas par le mariage, par le couple. Il ne s'agit pas de trouver quelqu'un qui fera de moi une femme. J'en suis une, au travers de mes choix, au travers de mes actions et aujourd'hui, je suis plus une femme que jamais. J'ai même décidé d'entreprendre prochainement un voyage en solo ! *Oui, oui, tu as bien lu !* J'ai compris qu'il était vain d'attendre quelqu'un pour réaliser ses rêves. On peut le faire tout seul ! On n'est pas obligé d'avoir la validation de quelqu'un d'autre que soi pour aimer, pour faire, pour vouloir aller plus loin dans la réalisation de nos projets ! *On peut se lancer tout seul et le mieux, c'est qu'on y arrive ! N'est-ce pas fabuleux ?*

– N'oublie pas de vider le filtre de l'évier quand tu auras fini de laver la vaisselle.

– Oui, mamie !

– Et aujourd'hui ? Qu'as-tu de prévu ?

– Je crois que je vais travailler un peu, pour anticiper mon grand voyage !

– Ah, il faudra qu'on se pose pour en parler, de ton voyage ! Ça ne me rassure pas, je ne sais même pas où tu comptes aller ! Comment on va faire s'il t'arrive quelque chose ?

– T'en fais pas mamie, tout va bien. Moi non plus, je sais pas où je vais, mais je sens que ça va être génial !

– Ah là là, toi alors ! Tu sais comment me faire des cheveux blancs !

Ma pauvre petite mamie, elle n'est pas au bout de ses peines ! Après tout, maintenant, je suis célibataire, sans enfant, sans crédit, ni quoi que ce soit, je suis libre !

Pour être franche, ce sujet est encore vif dans mon cœur. Célibataire. Après avoir été en couple pendant plus de dix ans, dans trois relations différentes. Il est temps de faire le point et d'être honnête. J'avais beaucoup de choses à apprendre et je m'en suis ramassé plein la tronche. *Et le pire, c'est que c'est pas fini, hein ?*

J'ai appris à mieux communiquer, parce que comme tu l'as vu, ce n'était pas vraiment mon fort ! J'ai dû apprendre à me détacher mon ego, m'exercer à sortir de ma zone de confort, parce que, non, dans la facilité, on n'apprend pas.

Je me suis aussi éveillé à l'amour-propre et au respect de moi. Et c'est dans ce domaine que ça a été le plus dur et que ça m'a fait le plus de mal. *Mais tu vois, encore une fois, c'était nécessaire !*

Toutes ces étapes sont essentielles pour tendre vers la femme que je suis destinée à devenir : une femme forte, qui a de l'assurance et du respect pour elle et pour les autres, ambitieuse et dévouée, disciplinée et organisée ! J'ai appris à poser des limites, à mes dépens, après les avoir négligés si longtemps, après m'être fait mal, après avoir accepté des choses que je n'aurais jamais dû accepter. J'ai décidé de me choisir moi ! Il y a encore bien des points sur lesquels je dois travailler, mais, franchement, je suis fière de moi. Et tu sais quoi ? Dans cette décision de me choisir moi, j'ai résolu de réaliser mes rêves et le prochain commence dès le début de l'année !

Accomplir ses rêves

Quand j'ai noté la liste de mes rêves, de tout ce que j'aimerais faire, il y avait un point commun : beaucoup d'entre eux se réalisaient en Amérique du Sud. Vois par toi-même :

- me mettre une caisse au Mexique ;
- découvrir la culture inca ;
- assister au carnaval de Rio de Janeiro ;
- voir un volcan en éruption ;
- admirer la floraison des cerisiers au Japon ;
- me baigner nue dans un lac ;
- visiter un temple maya ;
- me baigner dans une rivière une nuit de pleine lune ;
- regarder les étoiles depuis le Machu Picchu ;
- faire l'amour au sommet d'une montagne sous un orage ;
- placer une traction stricte ;
- participer à une compétition de Bikini Fitness.

Alors, c'est parti pour l'Amérique du Sud ! Comme tu le sais, la Polynésie française se trouve dans l'océan Pacifique. J'ai oublié de te le dire ? Mais non ! Mais tu savais, quand même ? Non ? Non ? Et pour retourner en Europe, je dois d'abord faire escale aux États-Unis ! Alors, je vais m'arrêter à Los Angeles et, plutôt que d'aller directement en France, je vais descendre le continent jusqu'à Rio ! Pour le carnaval ! Oui ! Donc, c'est parti pour l'organisation du voyage de mes rêves.

Ce projet a une double vocation : réaliser mes rêves et me permettre de faire un voyage initiatique, pour me retrouver et me bousculer, pour me faire grandir. On y revient encore !

Pour l'un de mes rêves, je vais te décrire la scène de fou que j'espère pouvoir vivre un jour : faire l'amour au sommet d'une montagne pendant un orage - **attention, en métropole, c'est vraiment dangereux, chez vous, la foudre frappe, pas chez nous.** *Cela dit, maintenant que j'y pense, si on est au sommet d'une montagne, c'est qu'on a fait de la randonnée non ? Oh beurk, et l'hygiène alors ? Je n'arriverai pas à dépasser ça ! Oh, beurk beurk beurk ! Non, en fait, non ! Ça va pas aller du tout !*

– Alors, ça commence à Los Angeles, et après ?

– Ben après, tu suis la géographie pour savoir dans quel sens aller ! Mexique, Guatemala, Honduras, Nicaragua, Costa Rica, Panama, Colombie, Pérou, Bolivie, Chili, Brésil ! Voilà, en théorie, ça donne ça ! En pratique, le Mexique c'est super grand et je ne sais même pas par où commencer ! En plus, avec mon niveau d'espagnol de collège, on ne va pas aller bien loin, hein ? Et alors ? Il suffit de se lancer ! On apprendra sur place !

– Et aller où ? Et comment ? En bus ? En avion ? Non, pas en avion, il faut limiter son impact carbone.

– Alors oui, certes, certes, je suis d'accord avec toi, mais tant qu'on est en vie, on a un impact carbone. Les seuls qui n'en émettent plus, ce sont les morts ! On peut limiter son impact en prenant les transports en commun, par exemple. Ça t'irait ?

– Oui oui !

– OK, alors bus, attends, non mais t'as vu ? De Los Angeles à Mexico, il y a 66 heures de bus ! Je veux bien faire des efforts mais quand même, faut pas déconner, hein ? Roooh OK, OK, on va faire ça, on prendra l'avion jusqu'à Mexico et après, on y va en bus, ça va ? En plus il y a le train maya qui vient d'ouvrir, il pourra nous faire voyager sur pas mal de régions, entre le Yucatán, Quintana Roo, jusqu'au Chiapas ! Trop lourd en vrai !

Quoi qu'il en soit, ce voyage me permettra de me recentrer, j'espère. D'en apprendre plus sur moi et sur ma capacité de résilience. On verra bien ! De toute façon, je ne suis pas trop d'humeur à penser à ma résilience, en vrai, parce que demain, c'est un grand jour. Je vais avoir 30 ans ! Ça y est ! *Tu te rends compte ? 30 ans ! C'est le bel âge, non ?* À cet âge, on sait ce qu'on veut et surtout ce qu'on ne veut plus ! On a aussi les moyens de réaliser nos projets et on commence à en avoir à moyen et long terme ! On se donne aussi les moyens de réaliser nos objectifs. Encore une fois, tout est une question d'organisation et de rigueur. *Toi, par exemple, quel serait l'objectif que tu te fixerais, prochainement ?*

Tout est assez lié dans ma vie. J'ai terminé Miss Bikini Fitness, et j'ai vécu une rupture amoureuse. Il n'y a pas si longtemps, j'avais encore la tête dans les cartons ! Trois mois de voyage… Mon appartement, je l'aimais d'amour, mais il n'était pas question de payer trois mois de loyer sans l'occuper, alors j'ai préféré le laisser. *Hors de question aussi de demander de l'aide, tu vois ? Là ? C'est de l'ego. C'est bête, mais je suis blessée, alors je réagis comme on avait dit tout à l'heure dans le deuil : j'ai besoin de solitude.*

Il fallait que je parte, pour moi. Pour vivre mon anniversaire qui est très bientôt, et ce voyage, qui est mon rêve. Je vais vivre mon voyage, après, on verra bien. Aujourd'hui, je suis libre, mais demain… de quoi sera fait demain ? Quand je pense à mon retour, à Paris, je t'avoue que j'angoisse un peu.

Se projeter dans le futur

Pour le moment, il faut le dire, c'est compliqué. Je suis très attachée à ce nid que j'ai aménagé. C'était un appartement vide. J'ai commencé par y mettre mes premiers meubles : un bureau, un fauteuil de salon et un meuble à chaussures. Petit à petit, l'endroit a commencé à prendre forme. La première fois que j'y ai dormi, c'était sur un petit matelas à même le sol, enveloppée dans une couette et deux plaids. J'avais froid, l'isolation était mauvaise. Au fil du temps, j'ai pu bâtir, pièce par pièce, un foyer où je me sentais bien. Pourtant, il n'y a pas si longtemps, il a fallu que je parte. Je me sens démunie.

Imagine, je viens de rendre mon appart, ma famille est à des milliers de kilomètres et je me retrouve seule pour gérer ça.

Même si j'ai hérité d'une grande force de caractère qui m'a permis de reprendre les choses en main, l'angoisse que tout cela suscite en moi est conséquente. On va structurer tout ça : de quoi j'ai besoin en premier ? D'une maison !

Déjà, pour maintenant. Où vais-je dormir ? J'ai de la chance. J'en ai même beaucoup ! Même si je ne suis pas dans la précarité financière, je vais squatter à droite à gauche avec ma petite valise, n'emportant que l'essentiel, pour être plus flexible et déranger le moins possible.

Haut les cœurs, il faut être efficace ! Je suis déjà passée par là ! J'ai déjà fait tout ça, je peux le refaire, je le referai. Mais tu sais quoi ? Ça, on y pensera le moment venu. Aujourd'hui n'est pas un jour pour angoisser : je suis à Tahiti. Malgré les pensées qui vont et viennent, comme la houle, il faut que je me calme. Armée des clés de mon carrosse, je prends la route.

Le soleil n'est pas tout à fait levé, il est encore tôt, autour de 6 h 30. Les voitures défilent vers la ville, tandis que je roule en sens inverse. J'ai besoin de m'apaiser. Direction Mataie'a. J'ai besoin d'aller au Vaimā.

Chez nous, cette source est un vrai lieu de communauté. On se retrouve pour passer un moment ensemble, pour évacuer, se nettoyer. Le paysage défile, les immeubles deviennent des maisons, la montagne verte domine sur la gauche, tandis qu'à droite, on aperçoit la mer, bleu lagon. Bleu parfait. Plus j'avance, plus les habitations se raréfient. Ce ne sont pas encore les vacances, alors on ne voit pas d'enfants qui jouent partout – ils sont en route pour l'école. Les parents les déposent généralement assez tôt pour aller travailler. Après de longues minutes de route, j'y suis. Une fois garée, je longe la rivière. La végétation est dense, l'eau est claire, j'arrive enfin au bassin du fond. Entourée de fleurs et d'arbres, posée sur un rocher à regarder les *PUHI* danser à ses pieds, ma copine Hinatea est là. Elle ressemble à une déesse. C'est un rituel qu'elle affectionne le matin, pour se purifier, elle aussi.

Nous n'avons pas besoin de parler, nous savons toutes les deux que ce moment de calme est précieux, on discutera après.

Les larmes montent. Je crois que ce chagrin, cette angoisse et toutes les émotions que j'essaie de contenir trouvent une issue dans ce lieu de paix. Elles sortent et se mêlent à l'eau de la source, qui s'écoule lentement. Toute la rancœur, les conflits d'après la décision, le poids des mots, c'est un appel avec Tahiti qui nous en a délestés.

– Tu sais, Vai ? Parfois, il vaut mieux mettre un terme à une relation quand ça va bien, plutôt que s'efforcer à continuer et dégrader votre relation et finir par vous détester.

Depuis que mamie a prononcé ces mots, on s'est séparés. On a pleuré, on a ri aussi, en disant :

– On va vraiment se séparer la veille de ma compète ?

– On dirait bien.

C'est fou comme l'inattendu peut frapper à chaque instant. Cette décision n'a pas été prise sur un coup de tête, tu t'en doutes, mais quand même, ce n'est pas facile. Surtout qu'hier soir, j'ai fait un cauchemar où je découvrais qu'il fréquentait une autre femme depuis quelque temps, et qu'en plus, elle était enceinte. C'est justement là qu'il a décidé de rompre avec moi ! Alors, ce n'est pas du tout ce qui s'est passé, mais l'émotion que peut susciter un cauchemar, c'est quelque chose quand même ! Et en plus… *Oh ! un PUHI vient vers moi.*

Au loin, d'autres *PUHI* continuent d'accompagner Hinatea dans son bain. Le jet de la source est toujours aussi agréable. Le courant est puissant et l'eau, délicieusement froide. Il est temps de piquer une tête et de laisser l'émotion s'évanouir. Elle n'est plus. Moi si. Je me répète ces mots pour avancer :

– Je suis assez forte maintenant pour me rendre compte que ton soutien est toujours apprécié, mais pas indispensable. Si tu n'es pas en mesure de prendre du recul pour qu'on puisse discuter en bonne intelligence, alors je poursuivrai ma route. J'apprécierais ton soutien, mais je me passerai de ta permission.

Rien n'est immuable. Il y a encore quelques mois, je n'aurais pas pu m'imaginer à nouveau célibataire. Combien sommes-nous à avoir le courage d'être seuls ? Bien sûr, cette décision n'a pas été facile ni à prendre ni à assumer, surtout pas quand, autour de moi, les projets de vie sont particulièrement bien avancés. Il y a ceux qui se sont mariés, ceux qui ont eu des enfants ou encore les nouveaux propriétaires. Je ne me sens pas en phase avec eux. Je me sens en phase avec moi. Régler tout ce qui devait l'être avant de partir m'a permis de rentrer le cœur léger.

Il y a encore quelques semaines, j'étais dévastée. Commander les cartons et y mettre mes affaires, faire le tri, ranger l'essentiel de ce qu'aura été ma vie pendant cinq ans dans des boîtes, que j'ai dû sortir de mon appartement adoré, ça m'a tellement fait pleurer ! Après tout, c'était mon point de repère, mon cocon, mon lieu sûr ! Trouverai-je à nouveau un endroit où je me sentirai aussi bien ? Les craintes sont toujours présentes, elles me mettent mal à l'aise et, pour être totalement honnête, je crains de ne plus trouver d'endroit aussi douillet que celui-ci. Bien sûr, le propre de la vie, c'est de vivre ! Le temps passe et les choses changent. Un jour, j'aurais dû partir, c'est juste que je n'étais pas prête. Je ne le suis toujours pas, mais je suis partie.

Être prêt, c'est une décision actée dans l'instant. Pas une sensation. On n'est jamais prêt. On le décide.

Je suis toujours peinée. Les chagrins d'amour, rien de tel pour perdre du poids ! Nous en avons tous vécu, nous en vivrons tous, évidemment ! Un jour, pourtant, lorsque les années se seront enchaînées et que les blessures seront guéries, alors nous reparlerons avec légèreté de ce qui aura été notre plus grande peine de cœur, que nous sommes en train de vivre à ce moment précis.

Aujourd'hui, je ne me prends plus la tête. Je prends les choses telles qu'elles sont. De toute façon, ça changerait quoi de se morfondre pour un truc auquel on ne peut rien ?

Le froid de la rivière me tire de mes pensées. Allongée sur un rocher au ras de l'eau, mes oreilles immergées n'ont pas entendu la vie s'animer au fil de la matinée. Il fait froid et je me redresse, tandis que j'observe mon lieu préféré au monde se réchauffer. Hinatea est toujours là. Bien que silencieuse, son aura m'imprègne et je me sens bien.

– Tu viens ce soir ?

– Où ça ?

– Au Manava, j'ai envie d'aller boire un verre là-bas pour le coucher de soleil.

– Je serai là !

– À tout à l'heure, alors !

Et je l'embrasse sur la tête, la laissant toujours assise face à la source. Chez nous, dans la famille et parfois même avec certains amis, on ne se fait pas la bise, on s'embrasse sur le front. Celui qui arrive salue ainsi celui qui était là, les plus grands embrassent ainsi les plus petits, ou même juste les enfants qui passent pour dire bonjour.

Papi disait toujours que c'était parce qu'on lui avait fait trop de bisous sur la tête qu'il était chauve maintenant. Ouais, ouais, ça doit être ça, haha.

Retournant dans ma voiture, je décide qu'aujourd'hui, je ne vais faire que ce dont j'ai envie ! Il est 9 heures, c'est le moment parfait pour commencer à n'en faire qu'à ma tête. Direction *Pizza Papi* ! Je vais me prendre leur fameuse méga glace panachée. Ensuite, j'irai chercher un super burger à *Tano maita'i* avant de rentrer le manger à la maison, puis faire la sieste. Oui, voilà. Ça s'annonce parfait comme ça.

L'après-midi s'achève, j'ajoute la dernière touche à ma tenue : une fleur à l'oreille. À droite désormais, j'allais oublier : je suis célibataire.

*

Ici, c'est le domaine des poissons. On vient de se poser au bout du ponton du *Manava*, l'un de mes hôtels préférés, face à Ta'apuna.

Aujourd'hui, on est lundi. Le soleil se couche sur une journée qui a été aussi ensoleillée qu'un jour d'été – curieux quand on sait que c'est la mousson ! Peut-être que c'est un cadeau du ciel. On a eu une bénédiction au petit matin, la pluie de l'aube, qui s'en est allée aussi vite que les années qui viennent de s'écouler.

À l'horizon, les derniers rayons du soleil colorent le ciel de cette palette dont lui seul a le secret. D'orange fluo, en déclinant, il passe à un jaune intense, puis au rose. La nuit se saisit de tout à perte de vue, teintant çà et là les nuages de mauve et bleu. Les étoiles apparaissent sous nos yeux émerveillés.

Nous nous installons tous à table pour dîner ensemble. Il y a ma famille de sang et ma famille de cœur. Rares sont les fois où j'ai l'occasion de les avoir tous avec moi. La famille de papa, la famille de maman, la famille que j'ai choisie. Tous, installés autour d'une grande table, dans cet endroit dans lequel j'aimais me réfugier pour m'isoler. La soirée avance, nous passons tous un bon moment. On a beau être en hiver en France, ici, c'est l'été. Plus la saison de la mousson qu'autre chose. Bien que la pluie puisse parfois être particulièrement dense, ça a toujours été ce que je préfère : le son de l'eau qui coule, sur le toit, dans les branches, sur les feuilles. Lorsqu'elle perle à l'horizon et calme la surface de la mer, lorsque le tonnerre fait crier les chiens qui ont peur et vibrer mon cœur. Quelle chance d'être née en Polynésie.

Ce soir, c'est la dernière fois que j'ai 29 ans. Dès minuit, soit dans près de 4 minutes, j'entrerai officiellement dans une nouvelle décennie.

Un beau serveur apporte à notre table mon mocktail – comme un cocktail, mais sans alcool préféré : une virgin colada, le mélange parfait du jus d'ananas frais et de la glace coco Léogite. Mes proches sont là, je sens leurs regards pleins d'amour se tourner vers moi et chanter en chœur, pour la trentième fois *Joyeux anniversaire*.

Mes yeux se perdent dans un sourire rieur. Je suis enfin en paix, libérée de tout ce qui avait pu me bloquer auparavant. Il paraît que le retour de Saturne dans le ciel remet les choses en place. Peut-être que cette virée au Vaima a aussi fait son travail. Je n'en doute pas une seconde ! Peut-être aussi que ma sieste a joué un rôle décisif dans le calme qui m'habite à présent ! On ne le saura sans doute jamais.

Ce soir, pour la première fois depuis longtemps, je ne sais plus. Ni ce que je ferai demain, ni où j'irai. Le champ des possibles est illimité. J'explorerai ce que la liberté a de plus savoureux à offrir. Mais pour l'heure, mes proches sont là. Alors, entourée d'amour, je lève mon verre pour clore la vingtaine de ma vie. À mes 30 ans, à la paix, la liberté et toutes les opportunités que ça m'apportera.

MANUIA ![71]

71. Manuia, c'est le succès, la prospérité et la réussite. C'est ce qu'on se souhaite, donc pas santé, comme en France.